Generis
PUBLISHING

La Reforma Laboral y Precios de Transferencia

C.P.C. Mónica Cerda Ayala
C.P.L.E. Maria Eugenia Hernández González

Title: ***La Reforma Laboral y Precios de Transferencia***

ISBN: 979-8-89248-769-6

Author: C.P.C. Mónica Cerda Ayala, C.P.L.E. Maria Eugenia Hernández González

Cover image: www.pixabay.com

Publisher: Generis Publishing
Online orders: www.generis-publishing.com
Contact email: info@generis-publishing.com

CONTENIDO

Prólogo

Como profesional dedicado a precios de transferencia por más de veinte años, es un honor para mí, prologar esta importante obra titulada "La Regulación Laboral desde una Perspectiva de Precios de Transferencia."

La Reforma Laboral de 2021 marcó un antes y un después en el panorama laboral de nuestro país. En un entorno globalizado y en constante evolución, resulta indispensable comprender no solo los cambios normativos, sino también sus implicaciones económicas y fiscales. Este libro aborda precisamente esa intersección crucial entre la regulación laboral y los precios de transferencia, un área que, sin duda, requiere de una atención especializada para asegurar el cumplimiento normativo y la optimización fiscal de las empresas.

Desde Precios de Transferencia, hemos observado cómo la reforma ha generado retos y oportunidades tanto para las empresas como para los profesionales en contaduría, fiscal, laboral y corporativamente. La complejidad de los precios de transferencia, sumada a las nuevas obligaciones laborales, exige una mirada técnica y estratégica para garantizar que las empresas operen dentro del marco legal y al mismo tiempo, preserven su competitividad.

La presente obra, que cuenta con aportaciones valiosas de profesionales que manejan diversas especialidades, no solo proporciona un análisis detallado de la reforma y su impacto en los precios de transferencia, sino que también ofrece herramientas prácticas para que los profesionales y empresarios puedan navegar con éxito por este nuevo escenario. Esperamos que este libro se convierta en una guía imprescindible para todos aquellos que buscan comprender y aplicar correctamente las disposiciones de la reforma laboral en sus negocios y prácticas profesionales.

Agradezco a la coautora, Maria Eugenia Hernandez por su arduo trabajo y acompañamiento durante el desarrollo de la obra y por la valiosa aportación que este libro representa para nuestra profesión. Estoy segura de que será una referencia obligada para contadores, abogados laboralistas, empresarios y todos aquellos interesados en los precios de transferencia y la legislación laboral.

Introducción a la Reforma Laboral 2021

Me complace presentar esta introducción a una de las reformas más significativas de los últimos años en nuestro país: la Reforma Laboral de 2021. Esta reforma, fruto de un contexto político, económico y social en transformación, representa un avance crucial hacia la modernización del marco laboral mexicano, respondiendo a las demandas de justicia y equidad en el ámbito del trabajo.

Esta Reforma Laboral se caracteriza por su profundo impacto en diversas áreas del derecho laboral, abarcando temas que van desde la subcontratación, la democratización sindical, hasta la incorporación de nuevas disposiciones que buscan proteger los derechos de los trabajadores y garantizar un equilibrio más justo entre las partes involucradas. Este cambio legislativo no solo modifica la relación entre empleadores y empleados, sino que también exige una adaptación por parte de las empresas y los profesionales del derecho, quienes deben estar preparados para enfrentar los nuevos desafíos legales que esta reforma impone.

Uno de los aspectos más destacados de la Reforma es su enfoque en la transparencia y la rendición de cuentas dentro de las organizaciones sindicales, así como en la regulación de la subcontratación, un tema que ha sido objeto de intenso debate en los últimos años. Estas modificaciones buscan garantizar condiciones de trabajo más dignas y un entorno laboral más equitativo, a la vez que fortalecen los mecanismos de resolución de conflictos y mejoran la calidad de vida de los trabajadores.

Para los abogados laboralistas, esta reforma representa una oportunidad y un reto. La interpretación y aplicación de las nuevas disposiciones requerirá un profundo entendimiento de los cambios introducidos y un enfoque estratégico para asesorar adecuadamente a los contribuyentes en este nuevo entorno normativo.

La Reforma Laboral 2021 no solo redefine el panorama laboral en México, sino que también subraya la importancia de la labor de los abogados en la defensa de los derechos y la promoción de la justicia. Como asesores: abogados, fiscalistas y especialistas de precios de transferencia es nuestro deber estar a la altura de estos cambios y contribuir, desde nuestra trinchera, al fortalecimiento del estado de derecho y la protección de los intereses de todos los actores del sistema laboral.

Capítulo 1: La Reforma Laboral 2021 en México

La Reforma Laboral de 2021 ha tenido un impacto profundo en las relaciones laborales en México. Las nuevas regulaciones han obligado a las empresas a adaptarse a un marco más estricto para la contratación y gestión de su personal, aumentando la responsabilidad fiscal y administrativa. Este cambio ha afectado la forma en que las empresas manejan la subcontratación y la participación de los trabajadores en las utilidades, transformando la dinámica laboral y fiscal en el país.

I. Contexto y Antecedentes

Desde abril de 2021, el panorama laboral y fiscal en México ha experimentado una transformación significativa, producto de la Reforma Laboral del outsourcing. Esta reforma marcó un cambio radical con respecto a los procedimientos que habían sido la norma durante las dos décadas previas. Bajo la nueva legislación, las empresas que forman parte de Grupos Empresariales están obligadas a emplear directamente a su personal operativo. Si requieren apoyo adicional, deben asegurarse de contratar servicios especializados, en lugar de subcontratar personal. Esta distinción, aunque técnica, implica una limitación considerable en las opciones disponibles para las empresas.

La reforma laboral permite la contratación de servicios especializados, definidos como aquellos que no forman parte del objeto social ni de la actividad económica principal de la empresa que contrata. Para que un proveedor pueda ofrecer estos servicios, debe estar registrado en el Padrón Público de Contratistas de Servicios Especializados u Obras Especializadas (REPSE), gestionado por la Secretaría del Trabajo y Previsión Social (STPS). Este registro garantiza que el proveedor esté al corriente en sus obligaciones fiscales y de seguridad social con respecto a sus empleados.

Para las empresas que contratan estos servicios, esto significa que sus departamentos fiscales deben estar adecuadamente capacitados para obtener, verificar y conservar los registros que acrediten el cumplimiento de las obligaciones de los proveedores. La falta de verificación puede llevar a que los pagos a prestadores de servicios no registrados en el REPSE sean considerados no deducibles, aumentando así los costos para las empresas.

II. Principales Cambios en la Reforma

La Reforma Laboral de 2021 tuvo un impacto importante en varios artículos de la Ley Federal del Trabajo (LFT), especialmente en los siguientes:

- ***Artículo 12:*** Se prohíbe la subcontratación de personal, que se define como la provisión de trabajadores propios por una persona física o moral a otra empresa. Sin embargo, las agencias de empleo pueden participar en el reclutamiento, selección, entrenamiento y capacitación, sin ser consideradas patrones; este rol recae en la empresa que se beneficia de los servicios.

- ***Artículo 13:*** Se permite la subcontratación de servicios especializados o de ejecución de obras especializadas que no formen parte del objeto social ni de la actividad económica principal de la empresa receptora, siempre que el contratista esté registrado en el REPSE. Los servicios u obras proporcionados entre empresas de un mismo grupo empresarial también pueden ser considerados especializados, siempre que no se integren en el objeto social ni en la actividad económica principal de la empresa receptora.

- ***Artículo 14:*** La subcontratación de servicios especializados debe formalizarse mediante un contrato escrito que especifique el objeto de los servicios y el número de trabajadores involucrados. La empresa que contrate estos servicios será responsable solidaria en caso de incumplimiento por parte del contratista con respecto a sus obligaciones laborales.

- ***Artículo 15:*** Los proveedores de servicios de subcontratación deben estar registrados ante la STPS y demostrar que están al corriente con sus obligaciones fiscales y de seguridad social.

El decreto de la reforma fue respaldado por la exposición de motivos del Gobierno Federal de 2021, que argumentó que la legislación vigente no respondía con suficiente urgencia a la necesidad de aumentar la productividad y competitividad del país. Además, se pretendía combatir la evasión fiscal, proteger la seguridad social, prevenir la evasión en el reparto de utilidades y evitar la competencia desleal contra empresas que cumplen con sus obligaciones laborales.

III. Límites sobre la Participación de los Trabajadores en las Utilidades

A pesar de las expectativas de que la reforma a la LFT en 2021 introdujera cambios significativos en la LISR en relación con la renta gravable para el reparto de la PTU, en realidad, los procedimientos para el cálculo y reparto de la PTU permanecen esencialmente igual que antes de la reforma.

La modificación al artículo 127 de la LFT, realizada en abril de 2021, estableció un nuevo límite para la PTU. Según la fracción VIII, el monto de la PTU no puede exceder de tres meses de salario del trabajador o el promedio de la PTU pagada en los últimos tres años, lo que resulte más favorable para el trabajador. Esta reforma no obliga a los empleadores a pagar tres meses de salario si el cálculo fiscal resulta en una pérdida; en tal caso, no se está obligado a pagar la PTU.

IV. Suprema Corte de Justicia de la Nación

El 3 de abril de 2024, la SCJN, mediante el comunicado de prensa No. 101/2024, declaró que es constitucional el límite máximo de tres meses para el pago del reparto de utilidades establecido en la LFT. La Corte validó que el monto de la participación de utilidades debe ajustarse al límite de tres meses del salario del trabajador o al promedio de las participaciones recibidas en los últimos tres años, lo que sea más favorable para el trabajador.

La SCJN aclaró que el límite de los tres meses no es absoluto, permitiendo ajustar el cálculo en función del promedio de las participaciones de los últimos tres años, siempre en beneficio del trabajador. Este pronunciamiento también estableció que no afecta retroactivamente los derechos de los trabajadores, permitiendo así la modificación de esta variable sin limitar los derechos reconocidos por la Constitución Federal.

Con este comunicado, se resolvieron las dudas sobre el artículo 127, fracción VIII, de la LFT, limitando las apelaciones de los empresarios y estableciendo claramente las obligaciones en el cálculo y pago de la PTU anualmente.

Capítulo 2: Conceptos Fundamentales de Precios de Transferencia

I. Contexto y Antecedentes

Para comprender los principios fundamentales de los precios de transferencia, es esencial retroceder a 2013, cuando la OCDE publicó el informe titulado "Lucha contra la erosión de la base imponible y el traslado de beneficios", también conocido como el Plan de Acción BEPS (Base Erosion and Profit Shifting). Este informe fue solicitado por los líderes del G20 y abordó, entre otros quince temas, la preocupación creciente de las administraciones fiscales y de los grupos multinacionales respecto a la repercusión de los costos en la prestación de servicios intragrupo.

Aunque para el año 2013 ya existían las Guías de Precios de Transferencia de la OCDE que incluían el Capítulo VII – Consideraciones Especiales para Servicios Intragrupo y el Capítulo VIII – Acuerdo de Contribución de Costos, el paquete BEPS introdujo una revisión de los estándares mínimos en estos capítulos. El objetivo era asegurar que los precios de transferencia reflejaran adecuadamente la correspondencia entre el gravamen de beneficios y las actividades económicas, ajustando los precios según la conducta real de las partes involucradas y los términos contractuales de las transacciones.

Las Acciones 8 a 10 del Plan BEPS se enfocan en asegurar que los resultados de los precios estén alineados con la creación de valor. La OCDE instó a los grupos multinacionales y a las administraciones fiscales a seguir normas de precios de transferencia que protejan la base imponible, evitando pagos que puedan erosionarla, como los honorarios por administración y los gastos de oficina matriz.

México, como miembro activo de la OCDE, se comprometió a adoptar el paquete BEPS y sus quince acciones. Estas medidas están diseñadas para adaptarse a diferentes sistemas tributarios y buscan minimizar los conflictos entre legislaciones internas y las interpretaciones de los nuevos estándares, evitando así un aumento en los conflictos fiscales.

II. Resumen de la Acción 10 de BEPS

La Acción 10 del plan BEPS se centra en desarrollar normas de precios de transferencia para proteger la base imponible contra pagos que podrían erosionarla, como los honorarios por administración y los gastos de oficina matriz. La acción proporciona pautas para equilibrar la asignación adecuada de los costos de servicios de bajo valor añadido y la protección de la base imponible de los países que ordenan los pagos.

Para los países que ordenan los pagos, se recomienda asegurarse de que el sistema de atribución de costos conduzca a un tratamiento equitativo entre empresas asociadas en condiciones similares, evitando sobreprecios en las categorías de costos y aplicando un margen de rentabilidad moderado. Además, se debe tener cuidado con las sociedades vehículo que puedan tener una funcionalidad baja o nula y evitar inflar los costos de los servicios intragrupo.

III. Consideraciones Especiales para Servicios Intragrupo

Este Capítulo aborda una amplia gama de servicios intragrupo que requieren un margen de beneficio limitado sobre los costos correspondientes. Aplica un criterio de reparto uniforme a todos los beneficiarios de esos servicios y exige una mayor transparencia en la presentación de información, incluyendo la documentación que justifique la base de costos que originan el cobro.

El objetivo principal es confirmar que los servicios han sido prestados efectivamente y que la remuneración de estos servicios cumple con condiciones de valor de mercado para que sean fiscalmente deducibles.

Servicios No Recuperables

Para que un servicio se considere conforme al principio de valor de mercado, debe ser recuperado por quien lo presta, excepto en los siguientes casos:

Actividades realizadas por miembros del grupo debido a sus intereses como accionistas y no como servicios intragrupo. Ejemplo de esto se incluyen gastos de admisión a cotización en bolsa, costos de cumplimiento de la legislación tributaria y gastos de relaciones con inversores.

Duplicidad

Actividades que duplican servicios realizados por otros miembros del grupo o por terceros, salvo en casos temporales o para reducir riesgos de decisiones empresariales desacertadas.

Beneficios Indirectos o Incidentales

Servicios que benefician indirectamente a otros miembros del grupo sin que estos hayan solicitado específicamente el servicio. No se considera que estos otros miembros hayan recibido un servicio que un tercero independiente estaría dispuesto a pagar.

Servicios Recuperables

Los servicios prestados dentro del grupo que deben ser recuperados por el prestador para cumplir con el principio de valor de mercado incluyen:

Servicios comunes prestados por centros de servicios compartidos o la casa matriz, que pueden incluir administración, gestión de recursos humanos, servicios financieros, asistencia en producción, atención a clientes y protección de intangibles, son servicios que se centralizan para prestar a más de una parte relacionada.

Existen servicios que se prestan pero que no constituyen la actividad principal del grupo y que tienen características auxiliares o de apoyo, son llamados Servicios Intragrupo de Bajo Valor Añadido. La OCDE sugiere tratarlos bajo un enfoque simplificado, destacando ejemplos como servicios de contabilidad, auditoría, procesamiento de cuentas y servicios de tecnología de la información.

La OCDE realiza una segunda clasificación de servicios intragrupo y que se relacionan con actividades que generan valor significativo para el grupo, como servicios de investigación y desarrollo, fabricación, producción, actividades de compra y venta, y servicios de alta dirección.

Métodos de Precios de Transferencia

Para asignar los costos de los servicios prestados, se utilizan dos métodos principales:

> *Método de Cargo:* Directo: que permite identificar los servicios específicos que benefician a una sola parte relacionada y es útil para determinar si el importe cobrado es consistente con el principio de plena competencia.
>
> *Método de Cargo Indirecto:* que se aplica cuando los centros de servicios compartidos prestan varios servicios a varias de las empresas del grupo. La facturación debe basarse en una medida adecuada de la utilización del servicio y ser razonable en comparación con los precios de servicios comparables entre empresas independientes.

Cálculo de la Contraprestación de Plena Competencia

Para determinar el precio de plena competencia, se debe considerar el valor del servicio para el beneficiario y el importe que una empresa independiente comparable pagaría en circunstancias similares. Los proveedores deben fijar un precio dentro del rango aceptable y considerar los costos y márgenes de beneficio razonables.

Métodos Transaccionales de Precios de Transferencia

Método de Precio Comparable (PC): Es apropiado cuando existe un servicio comparable prestado en el mercado del cual se cuenta con información suficiente para confirmar la comparabilidad del servicio y documentación suficiente que comprueba su existencia. Los requerimientos de este método son más fáciles de cumplir cuanto se tiene operaciones similares con terceros independientes.

Método Basado en el Costo: Incluye los métodos de Margen de Costo Adicionado (MCA) o el Costo Adicionado Neto (MCAN) y es adecuado cuando los costos y riesgos son comparables a los de empresas independientes, considerando tanto ingresos como costos y gastos generales incurridos en la prestación del servicio.

Consideraciones sobre la Inclusión de un Elemento de Beneficio

Independientemente del método utilizado, el precio facturado debe permitir al proveedor obtener beneficios comparables a los que un tercero independiente pagaría por el servicio. Actuando bajo condiciones de plena competencia también habrá que tener en cuenta las alternativas realística y económicamente disponibles que el destinatario del servicio estará evaluando antes de decidir contratar o no un servicio.

Servicios sin la Inclusión de un Elemento de Beneficio

En ocasiones podría demostrarse que el servicio prestado no constituye un esfuerzo ni se requiere asumir riesgos significativos, por lo que la recaudación adicional que pudiera obtenerse no justifica los costos y las cargas administrativas que ocasionaría la determinación de lo que podría constituir

En algunos casos, un análisis costo-beneficio puede demostrar que no es necesario agregar un margen de ganancia. La facturación de todos los costos relevantes sin un margen adicional podría ser aceptable, aunque es poco probable que las administraciones tributarias acepten esto cuando la actividad constituye la actividad principal del proveedor o el margen de beneficio es significativo.

Margen de Beneficio

Para los servicios de bajo valor añadido, se puede optar por utilizar el 5% sugerido por la OCDE o realizar una búsqueda de comparables para determinar un margen de beneficio fundamentado.

Se conoce que el margen sugerido se soporta en análisis realizados por la propia OCDE que la llevaron a la conclusión que dicho porcentaje siempre estaría dentro de los rangos de valor de mercado que pudieran identificarse para la lista de servicios clasificados como de bajo valor agregado.

La segunda opción consiste en realizar una búsqueda de compañías que realicen funciones, mantengan activos y asuman riesgos comparables a los del prestador del servicio de bajo valor que se presten a partes relacionadas. El resultado obtenido pudiera ser mayor o menor al 5% y estar fundamentado en la búsqueda y selección de comprables realizada.

Facturación de los Servicios

Para determinar la base de costos y gastos a ser facturados, se debe considerar:

- ✓ Los costos y gastos incurridos por la prestación de servicios específicos.
- ✓ La parte proporcional correspondiente de los gastos colectivos asignada utilizando el criterio de asignación.
- ✓ El margen de beneficio seleccionado.
- ✓ Los gastos directos que no agregan margen de beneficio.

El total de servicios a cargo del beneficiario se obtiene sumando estos elementos.

Capítulo 3: Intersección entre la Reforma Laboral y Precios de Transferencia

La Reforma Laboral de 2021 en México ha introducido cambios significativos en el entorno laboral que impactan también las prácticas de precios de transferencia. Estos cambios conllevan diversas implicaciones fiscales que deben ser comprendidas y gestionadas adecuadamente por las empresas multinacionales para asegurar el cumplimiento normativo y optimizar su planificación fiscal.

I. Ajustes de la Reforma Laboral

Revisión de la Subcontratación

La reforma ha limitado el uso de la subcontratación para actividades esenciales y ha prohibido la subcontratación de personal permanente, requiriendo que los empleados en estas actividades estén directamente en la nómina de la empresa contratante.

Las empresas que anteriormente utilizaban la subcontratación para funciones críticas ahora deberán ajustar sus precios de transferencia para reflejar los costos directos asociados con la contratación y manejo de personal interno. Este ajuste puede implicar una reevaluación de los costos y márgenes aplicables en las transacciones entre partes relacionadas. Además, las empresas deben asegurarse de que los costos asociados con la subcontratación, ahora parte del gasto directo, estén reflejados correctamente en sus políticas de precios de transferencia, alineándose con las normativas fiscales y evitando ajustes o sanciones.

Impacto en la Determinación de Costos y Precios

Con la modificación de las reglas sobre subcontratación y la obligación de garantizar que los costos laborales sean correctamente contabilizados, las empresas enfrentan un cambio en la forma en que determinan y asignan los costos.

Las empresas deberán actualizar sus políticas de precios de transferencia para incluir los nuevos costos laborales y otros gastos asociados con el personal. En caso de subcontratación, el prestador del servicio deberá proporcionar documentación detallada y justificación de los nuevos costos laborales y su impacto en los precios de transferencia, para asegurar que las prácticas sean transparentes y cumplan con las regulaciones fiscales.

Reevaluación de los Márgenes de Ganancia y Beneficios

La reforma puede alterar la estructura de costos y la rentabilidad de las empresas, afectando su capacidad para asignar márgenes de ganancia de manera adecuada. En este sentido, es necesario considerar lo establecido en el Capítulo VII, Servicios Intragrupo, de las Guías de Precios de Transferencia de la OCDE, que señala que los servicios clasificados como de soporte no requieren altos márgenes de rentabilidad para el prestador del servicio. Sin embargo, dado que es su actividad principal, es indispensable considerar un margen de ganancia que reconozca sus actividades y esfuerzos realizados.

Las empresas deben reevaluar y ajustar los márgenes de ganancia aplicados en las transacciones intercompañías, teniendo en cuenta los nuevos costos y la posible necesidad de revisar los métodos de cargo directo o indirecto, así como los métodos transaccionales de utilidad bruta y operativa utilizados. La reforma puede llevar a una redistribución de los beneficios entre las diferentes entidades del grupo empresarial, requiriendo ajustes en la forma en que se calculan y distribuyen los beneficios para reflejar con precisión la nueva estructura de costos.

Aumento de la Carga Administrativa y de Cumplimiento

La implementación de las nuevas reglas laborales implica una mayor carga administrativa para las empresas, especialmente en términos de cumplimiento y reporte.

Las empresas deberán cumplir con requisitos de documentación y reporte para demostrar que sus prácticas de precios de transferencia están alineadas con la reforma laboral y las normativas fiscales, confirmando que los servicios fueron realmente prestados, que no forman parte de la actividad principal de quien los recibe y que se cuenta con información suficiente para justificar su cobro. Es probable que haya un aumento en la frecuencia y profundidad de las auditorías fiscales relacionadas con precios de transferencia, para verificar que los ajustes realizados por la transferencia de empleados entre empresas del mismo grupo o la prestación de servicios especializados sean de bajo valor, consistentes con la reforma y las regulaciones fiscales vigentes.

II. Impacto en la Estrategia Fiscal y de Transferencia de Beneficios

Los cambios en el entorno laboral pueden afectar la estrategia fiscal y la estructura de transferencia de beneficios entre las entidades del grupo empresarial. Se debe prestar mayor atención a los niveles de sueldos, prestaciones, bonos y reparto de utilidades, que antes podían diferenciarse entre empresas del mismo grupo debido a que los empleados operaban con diferentes empleadores.

Las empresas deben reconsiderar sus estrategias fiscales para maximizar la eficiencia bajo las nuevas condiciones laborales. Esto incluye la evaluación de la estructura de precios de transferencia para asegurar que siga siendo eficiente y conforme a las nuevas regulaciones, ajustando su estructura de costos y precios de transferencia para reflejar los cambios en los gastos laborales y mantener la competitividad en el mercado.

En resumen, la Reforma Laboral de 2021 en México tiene implicaciones fiscales para los precios de transferencia. Las empresas multinacionales deben estar atentas a los cambios regulatorios, mantener una documentación exhaustiva y ajustar sus estrategias fiscales para reflejar adecuadamente el impacto de la reforma en sus operaciones y transacciones intercompañía realizadas de manera local y con impacto en el ámbito internacional.

III. Ajustes en los Precios de Transferencia

La Reforma Laboral de 2021 en México ha introducido cambios significativos en la regulación del trabajo, con implicaciones directas en la estructura de costos y en la forma en que las empresas deben gestionar sus operaciones. Estos cambios también afectan los precios de transferencia, que es el proceso mediante el cual las empresas ajustan los precios de los bienes, servicios o intangibles transferidos entre sus entidades relacionadas, tanto a nivel nacional como internacional. A continuación, se detallan los ajustes clave que las empresas deben considerar en relación con los precios de transferencia como resultado de la Reforma Laboral:

Revisión de la Estructura de Costos Laborales

La Reforma Laboral ha implicado un aumento en los costos laborales debido a la mejora de las condiciones laborales, ajustes en el salario mínimo y nuevos requerimientos en términos de seguridad social y prestaciones. Las empresas deben revisar y ajustar sus estructuras de costos laborales para reflejar estos cambios en la fijación de sus precios por operaciones intercompañía, asegurando que los precios de transferencia se alineen con los nuevos costos operativos.

Actualización de los Acuerdos de Precios de Transferencia

Con el incremento en los costos laborales por la transferencia de empleados, aumento de prestaciones, costos sindicales y otros factores, es esencial revisar los acuerdos de precios de transferencia existentes para garantizar que reflejen adecuadamente los costos incurridos y los riesgos asumidos asociados con las operaciones laborales. Las empresas deben ajustar sus políticas de precios de transferencia para evitar la distorsión de beneficios entre las entidades relacionadas y mantener la equidad fiscal.

Cumplimiento con las Normas Laborales

Las nuevas normativas laborales exigen un mayor cumplimiento en términos de derechos laborales, seguridad y salud en el trabajo. Las empresas deben asegurarse de que los costos relacionados con el cumplimiento de estas normas estén debidamente reflejados en los precios de transferencia. Esto incluye la implementación de procedimientos de control interno para monitorear y reportar los gastos relacionados con el cumplimiento de la clasificación de servicios intragrupo.

Evaluación de Impacto en la Rentabilidad

Es crucial evaluar cómo los cambios en los costos laborales afectan la rentabilidad de las operaciones intercompañía nacionales e internacionales. Las empresas deben considerar el impacto de la reforma en la rentabilidad de sus entidades relacionadas y ajustar los precios de transferencia para reflejar de manera justa la contribución económica y operativa de cada entidad al grupo empresarial.

Documentación y Transparencia

La Reforma Laboral ha aumentado el enfoque en la transparencia y la rendición de cuentas. Las empresas deben garantizar que su documentación de precios de transferencia sea completa y esté actualizada, reflejando los ajustes realizados debido a los cambios en los costos laborales sin afectar los márgenes de rentabilidad que corresponden al sector económico en el que opera. Esto incluye mantener registros detallados y justificativos que demuestren la razonabilidad y equidad de los ajustes realizados.

Revisión y Ajuste de Políticas

Finalmente, las empresas deben revisar y ajustar sus políticas de precios de transferencia para alinearse con las nuevas realidades laborales y fiscales de las empresas que componen su cadena de valor. Asimismo, es recomendable realizar una revisión periódica de estas políticas para asegurar que continúen cumpliendo con las normativas vigentes y que reflejen adecuadamente los costos y riesgos asociados con las operaciones laborales.

En resumen, la Reforma Laboral de 2021 introduce nuevas consideraciones que las empresas deben tener en cuenta al establecer y ajustar sus precios de transferencia. Asegurarse de que los costos laborales estén adecuadamente reflejados y documentados en las operaciones intercompañía es fundamental para cumplir con las regulaciones fiscales y laborales y mantener la equidad entre las entidades relacionadas. La implementación de estos ajustes no solo ayuda a garantizar el cumplimiento normativo, sino que también contribuye a una gestión más efectiva y eficiente de los recursos laborales dentro del grupo empresarial.

Capítulo 4: Impacto en las Empresas de Outsourcing y Subcontratación

I. Cambios en el Marco Regulatorio

La Reforma Laboral de 2021 ha marcado un hito significativo en el marco regulatorio laboral en México, orientándose hacia la mejora de la justicia, el fortalecimiento de los derechos de los trabajadores y la promoción de la transparencia y la equidad en las relaciones laborales. Este conjunto de cambios no solo requiere la adaptación de los empleadores, sino también un compromiso activo por parte de los trabajadores, además de una implementación efectiva de las nuevas normativas para asegurar un entorno laboral más justo y eficiente.

Juntas de Conciliación y Arbitraje

Uno de los cambios más relevantes introducidos por la reforma es la sustitución de las Juntas de Conciliación y Arbitraje por los Tribunales Laborales, que ahora forman parte del Poder Judicial. Esta transición busca mejorar la imparcialidad y la eficacia en la resolución de conflictos laborales. Bajo este nuevo esquema, los procedimientos laborales están regidos por las normas del Poder Judicial, lo que conlleva una mayor formalidad en los juicios y un enfoque renovado en la transparencia y celeridad procesal.

Proceso de Conciliación Obligatoria

Antes de que una disputa laboral sea llevada ante los tribunales, se establece la obligación de pasar por un proceso de conciliación. Este proceso tiene como objetivo resolver los conflictos de manera amistosa y eficiente, aliviando así la carga en los tribunales. Para ello, se han establecido plazos más estrictos para la resolución de conflictos y se ha introducido un sistema de trámites más ágil que busca acelerar la justicia laboral.

Capacitación y Educación

La reforma también contempla un programa de capacitación para las autoridades laborales y judiciales, asegurando que comprendan y apliquen adecuadamente las nuevas disposiciones legales. Simultáneamente, se promueve la educación laboral tanto para trabajadores como para empleadores, con el fin de aumentar el conocimiento sobre sus derechos y obligaciones en el entorno laboral.

Fortalecimiento de Derechos Laborales

La reforma fortalece los derechos de los trabajadores en aspectos fundamentales como el salario, la seguridad social y las condiciones laborales. Se han implementado medidas para garantizar el cumplimiento de estos derechos y se han introducido mecanismos específicos para denunciar violaciones. Además, se requiere que los contratos colectivos de trabajo sean más transparentes y que los trabajadores estén debidamente informados sobre su contenido. Se establecen procedimientos para la revisión y modificación de estos contratos, con el objetivo de evitar prácticas laborales injustas.

Libertad de Asociación Sindical

Un pilar fundamental de la Reforma Laboral es el refuerzo de la libertad de asociación sindical. Esta reforma permite a los trabajadores formar sindicatos sin la intervención de los empleadores, y se establecen procedimientos para garantizar que los sindicatos representen genuinamente los intereses de sus agremiados. Se promueve, además, la democratización interna de los sindicatos, exigiendo elecciones directas y transparentes para los cargos sindicales, lo que busca asegurar una mayor representatividad y legitimidad en la representación sindical.

Revisión de Contratos de Trabajo

La reforma introduce la obligatoriedad de revisar y, en su caso, modificar los contratos individuales de trabajo para asegurar su conformidad con las nuevas disposiciones legales. Estos contratos deben reflejar de manera clara las condiciones laborales y los derechos de los trabajadores, incorporando nuevas cláusulas relacionadas con la estabilidad en el empleo, los derechos a prestaciones y las condiciones para la terminación de la relación laboral.

Auditorías y Cumplimiento

Asimismo, los contratos colectivos de trabajo deben ser revisados para asegurar su alineación con las nuevas disposiciones. Esto incluye la verificación de su representación y legitimidad bajo las nuevas normas. Para garantizar el cumplimiento y la equidad en las condiciones laborales, se implementan auditorías y revisiones periódicas.

Promoción de la Igualdad de Género

La Reforma Laboral incorpora medidas dirigidas a promover la igualdad de género en el ámbito laboral. Estas medidas incluyen la igualdad salarial y la prevención de la discriminación. Además, se refuerzan las disposiciones que protegen a grupos vulnerables, como trabajadores jóvenes, mujeres y personas con discapacidad, asegurando que todos tengan acceso a condiciones laborales justas y equitativas.

En resumen, la Reforma Laboral de 2021 no solo implica un cambio normativo, sino que representa una transformación profunda en la cultura laboral mexicana. Las empresas de outsourcing y subcontratación, en particular, deben adaptarse a estas nuevas realidades para garantizar su competitividad y cumplimiento en un entorno que busca ser más justo y equitativo para todos los trabajadores.

II. Ajustes Necesarios en las Políticas de Precios de Transferencia

La Reforma Laboral de 2021 en México ha traído consigo cambios significativos en el marco regulatorio laboral, lo que implica que las empresas deben realizar ajustes sustanciales en sus políticas de precios de transferencia. Estos ajustes son cruciales para garantizar el cumplimiento con las nuevas disposiciones laborales y de precios de transferencia, y deben ser implementados de manera oportuna para asegurar que las transacciones entre partes relacionadas reflejen adecuadamente los costos laborales, evitando así posibles conflictos con las autoridades fiscales.

Incorporación de Nuevos Costos

Uno de los primeros pasos necesarios es la incorporación de nuevos costos en las políticas de precios de transferencia. Esto implica actualizar las estructuras de costos para reflejar los aumentos en salarios, prestaciones sociales y otros gastos relacionados que surgen como resultado de la Reforma. Además, es fundamental revisar cómo estos cambios en los costos laborales impactan los costos operativos generales y ajustar los precios de transferencia en consecuencia para mantener la equidad entre las partes relacionadas.

Revisión de Acuerdos

Los acuerdos de precios de transferencia existentes deben ser objeto de revisión y modificación. Es esencial que se actualicen para incorporar las nuevas disposiciones laborales, lo que incluye la adición de cláusulas específicas que reflejen los ajustes realizados por la Reforma y que definan claramente la gestión de los costos laborales en las transacciones entre partes relacionadas. Este enfoque no solo asegura el cumplimiento, sino que también promueve la transparencia y la equidad.

Enfoque en Servicios Especializados

Las empresas que continúen operando en este nuevo marco deberán prestar atención especial a los servicios considerados como "especializados" o "de bajo valor agregado". Será necesario evaluar y ajustar las metodologías de precios de transferencia para garantizar que los nuevos servicios y los costos laborales sean debidamente considerados en el análisis funcional para ser comparados con servicios prestados por empresas independientes que realicen actividades similares. Esto puede requerir la adopción de metodologías más precisas o la modificación de las existentes, en línea con las directrices de la OCDE que promueven la alineación de la realidad económica de la transacción con el valor de mercado.

Documentación y Cumplimiento

Es fundamental que los cambios realizados en la metodología de costos atribuibles a operaciones intercompañía estén alineados con los principios de valor de mercado y las nuevas regulaciones laborales. Esto debe reflejarse adecuadamente en la documentación de precios de transferencia tanto del prestador como del receptor del servicio. Mantener registros precisos y actualizados de los ajustes realizados es esencial para demostrar el cumplimiento durante auditorías fiscales.

Auditorías Internas Periódicas

Además, las empresas deben llevar a cabo auditorías internas periódicas para asegurar que sus políticas de precios de transferencia se mantengan actualizadas y conformes a las nuevas disposiciones laborales. Estas auditorías son vitales para identificar y corregir posibles discrepancias, estableciendo así un proceso de revisión continua que permita adaptar las políticas de precios de transferencia a futuros cambios en la legislación laboral y fiscal.

Capacitación de Equipos

La capacitación de los equipos de finanzas, contabilidad y recursos humanos es otro aspecto crucial. Estos grupos deben estar bien informados sobre los cambios introducidos por la Reforma Laboral y cómo estos impactan en las políticas de precios de transferencia. Comprender la importancia de cumplir con las nuevas regulaciones laborales y fiscales es esencial para asegurar una gestión eficaz de los precios de transferencia.

Revisión de Contratos entre Partes Relacionadas

Es igualmente importante revisar los contratos entre partes relacionadas para alinearlos con las políticas de precios de transferencia actualizadas. Esto garantiza que reflejen los nuevos costos laborales y condiciones de operación. En caso necesario, estos contratos deben ser modificados para incorporar los ajustes requeridos, asegurando así que los precios de transferencia sean justos y equitativos entre el prestador del servicio y el receptor.

En resumen, realizar los ajustes necesarios en las políticas de precios de transferencia tras la Reforma Laboral de 2021 es fundamental para garantizar el cumplimiento con las nuevas regulaciones y mantener la equidad en las transacciones entre partes relacionadas. Implementar estos ajustes no solo asegura el cumplimiento de las normativas laborales y fiscales, sino que también contribuye a una gestión más eficaz y transparente de los costos laborales dentro del grupo empresarial. La vigilancia constante y las revisiones periódicas son esenciales para adaptarse a futuros cambios y asegurar un cumplimiento continuo.

III. Ejemplos Prácticos de Adaptación de Precios de Transferencia Expost Reforma Laboral 2021

La Reforma Laboral de 2021 en México ha introducido cambios significativos que requieren ajustes en las políticas de precios de transferencia para mantener el cumplimiento con las nuevas regulaciones y reflejar adecuadamente los costos laborales. A continuación, se presentan ejemplos prácticos de cómo adaptar los precios de transferencia para cumplir con estas nuevas disposiciones:

Ejemplo 1: Ajuste en la Asignación de Costos Laborales en una Multinacional

Contexto:

Una empresa multinacional con filiales en México y otros países realiza transacciones de servicios especializados o de "bajo valor" entre sus entidades relacionadas. La reciente Reforma Laboral en México ha provocado un aumento en los costos laborales, debido a ajustes salariales y la ampliación de prestaciones para un mayor número de trabajadores. Este cambio en el entorno regulatorio requiere una adaptación en la estrategia de precios de transferencia de la empresa para garantizar el cumplimiento normativo y la equidad en las transacciones internas.

Adaptación:

1. Revisión de Costos: La empresa lleva a cabo una revisión exhaustiva de sus costos laborales en México, considerando los aumentos salariales impuestos por la Reforma Laboral y la incorporación de nuevas prestaciones. También se evalúa la inclusión de más trabajadores en las operaciones locales y se establece un límite en la cantidad de empleados en la entidad que brinda los servicios. Este análisis es fundamental para reflejar con precisión los costos actuales, asegurando que la estructura de precios de transferencia sea adecuada y que cumpla con el principio de plena competencia.

2. Modificación de Contratos de Servicios: Con base en los resultados de la revisión de costos, se procede a realizar ajustes en los contratos de servicios entre la filial en México y sus entidades relacionadas en otros países. Estos contratos se modifican para reflejar los nuevos costos laborales y se actualiza la oferta de servicios. Adicionalmente, se revisan los precios de transferencia para asegurarse de que estos incluyan los costos adicionales. Este proceso es crucial para cumplir con el principio de valor de mercado, garantizando que los precios sean consistentes con lo que se establecería entre partes no relacionadas en situaciones similares. Según el párrafo 7.23 de las guías de la OCDE, es importante incluir cláusulas de salvaguardia para evitar manipulaciones, seguir principios contables fundamentales y asegurar que los cargos o asignaciones de costos sean proporcionales a los beneficios obtenidos o razonablemente anticipados por el receptor del servicio.

3. Actualización de Documentación: La empresa lleva a cabo una actualización integral de su documentación de precios de transferencia. Esto implica un análisis funcional revisado que se alinea con su nuevo perfil de prestación de servicios, asegurando que los nuevos precios estén debidamente justificados en función de los costos laborales actualizados. Esta documentación es esencial para demostrar que los precios de transferencia son coherentes con las condiciones del mercado, en cumplimiento con el párrafo 7.24 de las guías de la OCDE. Este párrafo subraya la importancia de documentar adecuadamente las decisiones sobre la asignación de costos y la determinación de precios.

Resultado:

Los precios de transferencia revisados reflejan de manera adecuada la gama de servicios prestados, alineándose con las actividades de servicios especializados y de bajo valor. El incremento en los costos laborales se ha integrado en la estructura de precios de transferencia, garantizando el cumplimiento con las nuevas disposiciones legales y manteniendo la equidad entre las partes relacionadas. Esta adaptación no solo asegura la transparencia y coherencia en las operaciones internas, sino que también fortalece la posición de la empresa frente a auditorías fiscales, asegurando una gestión eficiente y alineada con las mejores prácticas internacionales.

Ejemplo 2: Revisión de Metodología de Precios de Transferencia en el Sector Manufacturero

Contexto

Una empresa del sector manufacturero con operaciones en México y en otros países se enfrenta a un entorno regulatorio cambiante debido a la reciente Reforma Laboral. Esta reforma ha traído consigo modificaciones en la legislación relacionada con las horas extras y la seguridad social, lo que ha impactado significativamente los costos de producción y operación de la empresa.

Adaptación:

1. Evaluación de Impacto: La empresa lleva a cabo un análisis exhaustivo de sus funciones, activos y riesgos, considerando detenidamente cómo los cambios legislativos han influido en sus costos. Esta evaluación incluye la identificación de los nuevos gastos derivados de las horas extras y de las obligaciones en materia de seguridad social, lo que permite a la empresa entender mejor el impacto financiero total de estas modificaciones.

2. Ajuste de Metodología: Con base en el análisis realizado, se procede a ajustar la metodología de precios de transferencia. Se decide implementar un enfoque que considere los costos totales más un margen global de la operación manufacturera, asegurando que se reflejen adecuadamente los nuevos costos laborales. Esta metodología se alinea con el principio de plena competencia, tal como se menciona en el párrafo 7.31 de las Guías de Precios de Transferencia de la OCDE, que establece que los precios de transferencia deben ser consistentes con las condiciones que existirían entre empresas independientes en circunstancias comparables.

3. Revisión de Políticas: Se lleva a cabo una revisión exhaustiva de las políticas de precios de transferencia, asegurando que la nueva metodología esté bien documentada y en conformidad con las regulaciones laborales actuales, así como con los términos contractuales establecidos entre las empresas relacionadas. Esta revisión también se alinea con lo indicado en el párrafo 8.29 de las guías, que sugiere que las políticas de precios de transferencia deben adaptarse de manera continua para reflejar cambios en las condiciones del mercado y en la legislación.

Resultado

La metodología de precios de transferencia actualizada no solo garantiza que los precios reflejen de manera justa y precisa los nuevos costos laborales, sino que también permite a la empresa cumplir con las normativas fiscales, laborales y de precios de transferencia. Al mantener una alineación adecuada con las regulaciones laborales y los principios establecidos por la OCDE, la empresa se posiciona favorablemente para afrontar los retos del entorno regulatorio, asegurando una gestión eficiente y responsable de sus operaciones.

Ejemplo 3: Implementación de Cláusulas Laborales en Contratos de Precios de Transferencia

Contexto

Una empresa de servicios profesionales ofrece sus servicios a clientes partes relacionadas en diferentes países. Los contratos de precios de transferencia incluyen servicios especializados que se prestan desde México. Con la reciente Reforma Laboral, es fundamental que estos contratos reflejen adecuadamente los ajustes necesarios en los costos laborales.

Adaptación

1. Incorporación de Cláusulas: Se lleva a cabo una revisión exhaustiva de los contratos de precios de transferencia existentes, con el objetivo de incluir cláusulas específicas que reflejen los ajustes en los costos laborales. Estos ajustes consideran cambios en salarios y beneficios, garantizando que la estructura de precios sea acorde a las nuevas condiciones del mercado laboral. De acuerdo con el párrafo 8.50 de las Guías de Precios de Transferencia de la OCDE, es crucial que los contratos incorporen elementos que permitan identificar y reflejar adecuadamente las condiciones económicas que prevalecen en el entorno en el que opera la empresa.

2. Negociación con Clientes Internos: Se inicia un proceso de negociación con las entidades relacionadas, tanto nacionales como extranjeras, para actualizar los contratos. Esta negociación tiene como objetivo confirmar que los servicios ofrecidos cumplen con las disposiciones permitidas por la reforma laboral, y que los costos laborales ajustados se reflejan de manera equitativa en los precios de transferencia. Esto asegura que los precios sean justos y se alineen con el principio de plena competencia, tal como se menciona en el párrafo 8.51, que establece que las condiciones acordadas entre partes relacionadas deben ser consistentes con las que existirían entre empresas independientes en circunstancias comparables.

3. Documentación y Justificación: Se documentan de manera meticulosa los ajustes realizados en los contratos y se proporciona una justificación clara de cómo los cambios en los costos laborales impactan los precios de transferencia. Esto incluye la preparación de informes detallados que respondan a posibles cuestionamientos de las autoridades fiscales. Según el párrafo 8.52 de las guías de la OCDE, la documentación debe ser suficiente para demostrar que los precios de transferencia se establecieron en condiciones de plena competencia y que reflejan las circunstancias económicas que justifican los ajustes.

Resultado

Los contratos actualizados no solo incluyen servicios permitidos por la reforma, sino que también incorporan cláusulas que reflejan de manera precisa los costos laborales ajustados. Esto asegura una mayor transparencia en las transacciones entre partes relacionadas, cumpliendo con las normativas fiscales y laborales vigentes. Además, se establece un marco sólido para la defensa ante posibles auditorías, alineándose con las expectativas de las autoridades fiscales, tal como se menciona en el párrafo 8.53, que subraya la importancia de una adecuada gestión y documentación de los precios de transferencia para cumplir con las obligaciones fiscales y minimizar riesgos.

Ejemplo 4: Ajustes en Contratos Colectivos de Trabajo y Precios de Transferencia

Contexto

Una empresa que opera tanto en México como en el extranjero se encuentra en la necesidad de ajustar sus contratos colectivos de trabajo, ya que estos impactan directamente en los costos laborales y, por ende, en la estructura de precios de transferencia aplicable a sus transacciones.

Adaptación

1. Revisión de Contratos Colectivos: La empresa realiza una revisión exhaustiva de sus contratos colectivos de trabajo para asegurar que estén alineados con las nuevas disposiciones establecidas por la Reforma Laboral. Este proceso incluye la evaluación de ajustes en salarios, beneficios y condiciones laborales, lo que es crucial para reflejar con precisión los costos laborales en la estructura de precios de transferencia. Según el párrafo 7.27 de las Guías de Precios de Transferencia de la OCDE, es fundamental que las empresas evalúen el contexto económico y normativo en el que operan ya que, en tales casos, la administración tributaria y los contribuyentes tendrían que verificar que no se cobre una tarifa adicional por servicios y que no haya una doble deducción para garantizar que los acuerdos laborales se reflejen adecuadamente en sus prácticas de precios de transferencia.

2. Ajuste en Precios de Transferencia: Posteriormente, se procede a ajustar los precios de transferencia para que reflejen los costos laborales actualizados. Esto implica que los cambios realizados en los contratos colectivos se integren de manera clara y precisa en los informes de precios de transferencia. Tal como se menciona en el párrafo 7.28, es esencial que los precios de transferencia sean consistentes con los costos de producción y operación que realmente se incurren ya que los contratos colectivos pueden incluir disposiciones según las cuales no se cobrará ningún cargo adicional por el uso real del servicio hasta que el nivel de uso exceda un nivel predeterminado, asegurando así el cumplimiento del principio de plena competencia.

3. Comunicación con Autoridades: Se mantiene disponible la información y documentación necesaria para las Autoridades sobre los cambios en los contratos colectivos que justifique los ajustes en los precios de transferencia. Este enfoque sigue las mejores prácticas recomendadas en el párrafo 7.29 de las guías de la OCDE, que enfatizan la importancia de considerar tanto la perspectiva del proveedor como la del receptor del servicio, evaluando el valor del servicio y el precio que una empresa independiente pagaría en circunstancias comparables. Al adoptar esta estrategia, se reduce el riesgo de futuros conflictos o disputas con las autoridades, promoviendo así una relación colaborativa y constructiva.

Resultado

Los precios de transferencia ajustados reflejan de manera precisa los costos laborales derivados de los contratos colectivos actualizados y cumplen con las nuevas disposiciones legales vigentes. Esto garantiza el cumplimiento de las normativas fiscales y laborales, evitando así posibles disputas con las autoridades fiscales. Como se establece en el párrafo 7.30, este proceso no solo fortalece la integridad de la gestión de precios de transferencia de la empresa, sino que también mejora su capacidad para defender su posición ante cualquier auditoría o revisión fiscal.

De esta manera hemos mostrados como la adaptación de las políticas de precios de transferencia tras la Reforma Laboral de 2021 implica una revisión y ajuste exhaustivo de diversas áreas para, a la vez de reflejar adecuadamente los nuevos costos laborales y cumplir con las regulaciones actualizadas, se repercuta adecuadamente los precios de transferencia de operaciones realizadas entre partes relacionadas. Asimismo, estos ejemplos prácticos muestran cómo las empresas pueden implementar ajustes necesarios para mantener la equidad en las transacciones entre partes relacionadas y asegurar el cumplimiento con las normativas fiscales y laborales vigentes.

Capítulo 5: Desafíos y Oportunidades para las Empresas

I. Desafíos para las Empresas

La Reforma Laboral de 2021 en México ha provocado un cambio significativo en el panorama fiscal y operativo de las empresas. Estos cambios no solo afectan las relaciones laborales, sino que también impactan de manera directa en la gestión de precios de transferencia. A continuación, se exploran los principales desafíos fiscales y operativos que enfrentan las organizaciones en este nuevo contexto, así como las oportunidades para optimizar sus políticas.

Desafíos Fiscales

1. Reevaluación de Costos Laborales

La Reforma Laboral ha incrementado los costos laborales mediante ajustes en salarios, prestaciones y condiciones de trabajo. Las empresas deben revisar estos costos para reflejar los aumentos en sus políticas de precios de transferencia. El desafío radica en determinar con precisión cómo estos ajustes impactan los precios de transferencia, evitando discrepancias que puedan derivar en controversias fiscales.

2. Cumplimiento con Nuevas Normativas

Las nuevas regulaciones exigen que los precios de transferencia reflejen de manera justa los costos laborales y operativos. Asegurar que los informes cumplan con las normativas laborales y fiscales requiere una revisión exhaustiva de políticas y prácticas actuales. Las empresas deben actualizar sus informes y procedimientos para evitar sanciones y auditorías fiscales.

3. Documentación y Justificación de Ajustes

Mantener una documentación detallada y justificar los ajustes en los precios de transferencia debido a cambios en los costos laborales es crucial. La correcta documentación puede ser laboriosa, y las empresas deben implementar procedimientos robustos para garantizar precisión y alineación con los requisitos fiscales.

4. Interacción con Autoridades Fiscales

La Reforma Laboral puede aumentar la vigilancia y las auditorías por parte de las autoridades fiscales. Las empresas deben estar preparadas para responder a consultas y auditorías relacionadas con ajustes en los precios de transferencia, lo que requiere una gestión efectiva y la capacidad de proporcionar documentación necesaria de manera oportuna.

Desafíos Operativos

1. Adaptación de Políticas y Procedimientos

Las empresas deben ajustar sus políticas y procedimientos internos para reflejar los cambios en los costos laborales y asegurar la equidad en los precios de transferencia. Implementar estos cambios puede ser complejo, especialmente en organizaciones con múltiples filiales y operaciones internacionales, requiriendo coordinación global para una aplicación uniforme.

2. Capacitación del Personal

La Reforma Laboral y sus implicaciones para los precios de transferencia requieren que el personal esté adecuadamente capacitado en las nuevas normativas y procedimientos. Capacitar al personal en aspectos técnicos y regulatorios puede ser un desafío, pero es esencial para asegurar que todos comprendan los nuevos requisitos y puedan implementarlos eficazmente.

3. Revisión de Contratos y Acuerdos

Los contratos de precios de transferencia y acuerdos internos deben ser revisados y actualizados para reflejar los nuevos costos laborales. La revisión y modificación de estos documentos puede ser un proceso detallado, requiriendo coordinación con asesores legales y financieros para asegurar la conformidad con las nuevas normativas.

En este sentido, el Capítulo VII – Servicios Intragrupo de las Guías de PT de la OCDE, incluye una sección sobre la estructura de los acuerdos o contratos que se pacten por escrito y cualquier modificación a los mismos en los que se plasme la voluntad de los distintos miembros del grupo.

Estos acuerdos o contratos por escrito pueden revestir la forma de un documento contemporáneo donde se identifiquen a las entidades involucradas, la naturaleza de los servicios, y los términos y condiciones en los que se prestarán los servicios, incluyendo lo siguiente:

- una descripción de las categorías de los servicios intragrupo prestados;
- la identidad de los beneficiarios;
- las razones que acrediten que cada categoría de servicios representa servicios intragrupo;
- la justificación de la prestación de servicios en el contexto del negocio del Grupo Empresarial;
- una descripción de los beneficios reales o susceptibles de obtenerse de cada categoría de servicios;
- una exposición de los criterios de asignación y reparto elegidos y los motivos por los que dichos criterios arrojan resultados que reflejan razonablemente los beneficios obtenidos, y
- la confirmación del margen de beneficio aplicado.

4. Gestión de la Transparencia y Comunicación

La transparencia en las prácticas de precios de transferencia y la comunicación efectiva con las partes interesadas son esenciales para cumplir con las nuevas regulaciones. Mantener una comunicación clara con autoridades fiscales, empleados y otras entidades puede ser complicado, y las empresas deben implementar mecanismos para compartir toda la información relevante de manera efectiva.

5. Adaptación a Cambios Continuos

Las regulaciones laborales y fiscales pueden seguir evolucionando, requiriendo una adaptación continua de las políticas de precios de transferencia. Las empresas deben estar preparadas para ajustar sus políticas y prácticas en respuesta a cambios adicionales en la legislación, lo que implica una vigilancia constante y una capacidad para implementar cambios de manera ágil.

II. Oportunidades para la Optimización de Precios de Transferencia

La Reforma Laboral ofrece la oportunidad de revisar y modernizar las políticas de precios de transferencia, alineándolas con las mejores prácticas y regulaciones actuales.

Actualizar las políticas para reflejar con precisión los costos laborales y operativos puede incluir la incorporación de nuevas metodologías que se adapten a las realidades del mercado y las exigencias regulatorias.

Implementación de Tecnología de Gestión

Utilizar herramientas tecnológicas avanzadas puede mejorar la gestión y el seguimiento de los precios de transferencia. Implementar software especializado en precios de transferencia y de gestión de costos laborales permite una integración eficiente de datos, análisis y reportes, automatizando procesos y mejorando la precisión de los cálculos.

La integración de herramientas tecnológicas avanzadas de los precios de transferencia y la gestión de costos laborales puede mejorar la gestión y el seguimiento eficiente de datos, análisis y reportes, automatizando procesos y mejorar la precisión de los cálculos cumplimiento con la Reforma Laboral 2021.

La elección del sistema adecuado dependerá de las necesidades específicas de cada organización, su estructura y su entorno operativo. Implementar una combinación de soluciones puede ayudar a garantizar una gestión efectiva y proactiva en el cumplimiento de las nuevas regulaciones. Al adoptar las tecnologías disponibles, las empresas no solo optimizan sus políticas de precios de transferencia, sino que también fortalecen su capacidad para adaptarse a los cambios regulatorios, asegurando su sostenibilidad y éxito en el entorno actual. A continuación, se muestra una recopilación de las herramientas tecnológicas que permiten la gestión de los precios de transferencia y los costos laborales en las empresas:

Software de Gestión de Precios de Transferencia

Los sistemas de gestión de precios de transferencia están diseñados para ayudar a las empresas a manejar y documentar estos precios de manera que cumplan con las normativas fiscales y laborales vigentes. A continuación, se detallan algunas de las principales opciones:

- ***SAP Tax Compliance Management:*** Este software ofrece soluciones integradas para la gestión de precios de transferencia. Sus herramientas permiten la

documentación, generación de informes y aseguramiento del cumplimiento de manera efectiva.
Tax Compliance Software | Global Tax Management | SAP

- ***Thomson Reuters ONESOURCE Transfer Pricing:*** Facilita la documentación y el análisis de precios de transferencia. Su funcionalidad incluye la automatización de reportes, lo que ayuda a las empresas a mantenerse al día con las normativas y a reducir el riesgo de incumplimiento.
https://www.thomsonreuters.com.ar/es/soluciones-de-gestion-tributaria/onesource-transfer-pricing-beps.html
- ***Oracle Tax Reporting Cloud Service (TRCS):*** Proporciona capacidades avanzadas para la gestión de precios de transferencia, asegurando que las políticas implementadas se ajusten a las regulaciones fiscales y normativas vigentes.
Message from insightsoftware

Herramientas de Gestión de Cumplimiento Laboral

Estas herramientas están diseñadas para ayudar a las empresas a seguir las normativas laborales y ajustar sus políticas internas en función de los cambios legislativos:

- ***ADP Workforce Now:*** Ofrece soluciones completas para la gestión de nómina, beneficios y cumplimiento laboral. Se adapta fácilmente a los cambios en la legislación laboral, asegurando que las políticas de la empresa se mantengan actualizadas.
Sign In | ADP WFNPORTAL
- ***Ceridian Dayforce HCM:*** Este sistema integrado de gestión de capital humano incluye funcionalidades para el cumplimiento normativo y la administración de costos laborales, facilitando la adaptación a las nuevas regulaciones.
Dayforce (dayforcehcm.com)
- ***Workday:*** Proporciona herramientas avanzadas para la gestión de recursos humanos y cumplimiento laboral, ajustándose continuamente a las nuevas regulaciones y adaptando las políticas en consecuencia.
Workday Enterprise Management Cloud | Finanzas, RRHH, planificación y gastos | Workday Mexico

Sistemas de Documentación y Reportes

Estos sistemas facilitan la creación, gestión y almacenamiento de la documentación necesaria para cumplir con las regulaciones fiscales y laborales:

- ***KPMG Global Transfer Pricing Documentation:*** Este sistema ayuda a las empresas a generar documentación exhaustiva para cumplir con los requisitos de precios de transferencia, garantizando la conformidad con las normativas globales.
  Global Transfer Pricing Review (kpmg.com)
- ***PwC Transfer Pricing Documentation Platform:*** Ofrece soluciones para la creación y gestión de documentación de precios de transferencia, proporcionando herramientas que aseguran el cumplimiento de las normativas internacionales.
  Transfer Pricing Services: PwC

Plataformas de Análisis y Auditoría

Las herramientas de análisis y auditoría permiten realizar auditorías internas y análisis de cumplimiento para verificar que las prácticas de la empresa estén alineadas con la legislación vigente:

- ***Tableau:*** Facilita la visualización y el análisis de datos relacionados con precios de transferencia y costos laborales. Sus capacidades de análisis permiten identificar áreas de riesgo y tomar decisiones informadas.
  Software de análisis e inteligencia de negocios | Tableau
- ***Qlik Sense:*** Ofrece funcionalidades de análisis de datos que ayudan en la auditoría y el monitoreo de precios de transferencia, asegurando el cumplimiento normativo y facilitando la identificación de posibles problemas.
  Qlik Sense | Analítica moderna en la nube

Sistemas de Gestión de Riesgos

Estos sistemas están diseñados para identificar y gestionar riesgos asociados con el cumplimiento de las regulaciones laborales y fiscales:

- ***RiskWatch:*** Proporciona soluciones para la gestión de riesgos, incluyendo el cumplimiento normativo y la identificación de áreas críticas relacionadas con los precios de transferencia.
  Best Risk and Compliance Assessment Software- RiskWatch
- ***LogicManager:*** Ofrece una plataforma para la gestión de riesgos y el cumplimiento, facilitando la adaptación a los cambios regulatorios y la mitigación de riesgos asociados.
  LogicManager | Enterprise Risk Management Software

Plataformas de Capacitación y Desarrollo

Estas herramientas son esenciales para capacitar al personal en los nuevos requisitos regulatorios y asegurar que la empresa esté preparada para implementar los cambios necesarios:

- ***LinkedIn Learning:*** Ofrece una variedad de cursos y capacitaciones en temas relacionados con la Reforma Laboral y la gestión de precios de transferencia, ayudando a mantener al personal actualizado.
  LinkedIn Learning: Online Courses for Creative, Technology, Business Skills
- ***Coursera for Business:*** Proporciona formación continua en cumplimiento normativo y gestión de precios de transferencia, adaptándose a los cambios legislativos y asegurando que el personal esté al tanto de las mejores prácticas.
  AI For Business | Coursera

La lista de herramientas tecnológicas que se han mencionado anteriormente constituyen una invitación a la exploración y adopción de herramientas tecnológicas especializadas en su negocio, ya que se consideran clave para optimizar la gestión de precios de transferencia en el contexto de la Reforma Laboral.

Al integrar herramientas tecnológicas, no solo facilitarás la adaptación a los cambios regulatorios, sino que también potenciarás las habilidades y la especialización de tu equipo. Su implementación permitirá mejorar la eficiencia operativa, garantizar el cumplimiento preciso de las normativas y fortalecer la transparencia y la confianza en los procesos. No subestime el impacto que estas herramientas pueden tener en la capacidad de su organización y su ayuda para enfrentar los retos actuales y futuros en el ámbito fiscal y laboral.

III. Estrategias de Cumplimiento y Mitigación de Riesgos

Para cumplir y mitigar los riesgos asociados a los precios de transferencia post-Reforma Laboral 2021, las empresas deben implementar estrategias efectivas que incluyen la revisión exhaustiva de las políticas de precios de transferencia, asegurando su alineación con las nuevas disposiciones laborales y fiscales.

Esto implica realizar una evaluación integral, actualizar y documentar cualquier cambio realizado para minimizar el riesgo de sanciones. Igualmente, es importante revisar y adaptar los contratos intercompañía para reflejar los nuevos costos laborales y disposiciones legales, garantizando así la equidad y conformidad con las normativas.

Es esencial mejorar la documentación y justificación de precios de transferencia, reflejando los nuevos costos laborales a través de la elaboración de informes detallados y el uso de un sistema de gestión documental, lo que facilita la respuesta a auditorías y mejora la transparencia. Además, se sugiere adoptar herramientas tecnológicas especializadas para la gestión y seguimiento de precios de transferencia, automatizando procesos con software especializado que aumente la eficiencia operativa y asegure un cumplimiento preciso.

También se recomienda desarrollar estrategias proactivas de cumplimiento, anticipando y adaptándose a los cambios regulatorios mediante un equipo de cumplimiento y un sistema de revisión periódica que permita una adaptación ágil y efectiva. Por lo cual, la capacitación del personal clave es fundamental; es necesario formar al equipo en precios de transferencia, cambios regulatorios y cumplimiento fiscal mediante programas de formación continua y guías internas que aseguren su preparación para gestionar estos cambios.

Es clave, estar preparados para mantener una comunicación efectiva con las autoridades fiscales para confirmar el cumplimiento de las disposiciones fiscales y laborales, proporcionando documentación oportuna que facilite la resolución de controversias.

Capítulo 6: Casos de Estudio

I. Análisis de Precios de Transferencia de Empresas Mexicanas Expost Reforma Laboral 2021

La Reforma Laboral de 2021 en México ha transformado significativamente el marco regulatorio, impactando directamente las políticas de precios de transferencia de las empresas. Ante esta nueva normativa, las empresas mexicanas deben realizar un análisis exhaustivo que no solo considere los efectos de la reforma, sino también las oportunidades que se presentan para optimizar sus estrategias de precios de transferencia.

En este capítulo, se presenta un análisis sobre cómo las empresas mexicanas pueden ajustar sus políticas de precios de transferencia en el contexto de la Reforma Laboral 2021, haciendo énfasis en los párrafos relevantes de las guías de precios de transferencia de la OCDE.

1. Impacto de la Reforma Laboral en los Costos Laborales

La Reforma Laboral ha introducido cambios significativos en los costos laborales, incluyendo aumentos salariales, mejoras en prestaciones y ajustes en las condiciones de trabajo.

Análisis:

- ***Ajustes Salariales:*** Las empresas deben evaluar cómo los aumentos salariales y las nuevas escalas salariales impactan los costos de producción y los servicios intercompañía. La OCDE establece en el párrafo 7.9 que la información sobre el contexto económico y las condiciones del mercado laboral es fundamental para una adecuada evaluación de precios de transferencia.
- ***Prestaciones y Beneficios:*** Es crucial analizar el impacto de las nuevas prestaciones en el costo total de los empleados, asegurando que este impacto se refleje adecuadamente en los precios de transferencia. Aquí, también debemos tener en cuenta el enfoque de "costo total" para garantizar que todas las partidas relevantes se incluyan en el cálculo de la contraprestación pacada por los servicios prestados.

- ***Condiciones de Trabajo:*** Las modificaciones en las condiciones laborales deben considerarse al establecer los costos operativos y al estructurar precios de transferencia. Esto incluye el análisis de la productividad y la satisfacción del empleado, que pueden afectar indirectamente los costos.

Recomendación:

Actualizar los modelos económicos utilizados en precios de transferencia para reflejar los costos laborales ajustados, garantizando una asignación precisa y equitativa de los gastos entre las partes relacionadas. Es importante contar con un análisis de sensibilidad que permita evaluar el impacto de diferentes escenarios laborales y las operaciones intercompañía.

2. Revisión de Políticas y Metodologías de Precios de Transferencia

Las políticas y metodologías de precios de transferencia deben revisarse y adaptarse para alinearse con los cambios introducidos por la Reforma Laboral.

Análisis:

- ***Metodología de Costos:*** Es necesario evaluar si la metodología de precios de transferencia basada en costos sigue siendo adecuada o si requiere una revisión detallada para incorporar los nuevos costos laborales. La OCDE destaca la importancia de seleccionar métodos que reflejen fielmente la economía real de las transacciones. Deberíamos considerar enfoques mixtos que combinen métodos de costos con métodos de mercado, dependiendo del tipo de transacción.
- ***Métodos Comparables:*** Se debe asegurar que los métodos comparables utilizados reflejen las nuevas realidades del mercado laboral y los costos ajustados. Esto requerirá la búsqueda de información más específicas y actualizadas de las compañías seleccionadas como comparables para realizar análisis de rentabilidad válidos.

Recomendación:

Revisar y ajustar las políticas de precios de transferencia aplicando metodologías que integren de manera efectiva los costos laborales actualizados y mejoren la precisión en la asignación de costos. La adaptabilidad de las metodologías en las políticas de precios de transferencia será clave en un entorno regulatorio cambiante.

3. Impacto en la Documentación y Justificación de Precios de Transferencia

La Reforma Laboral exige una documentación más detallada que justificar los costos laborales y su impacto en los precios de transferencia para justificar los ajustes laborales y fiscales realizados.

Análisis:

- ***Documentación Requerida:*** Identificar los nuevos requisitos de documentación derivados de la Reforma Laboral y evaluar el nivel de detalle necesario para cumplir con las normativas es esencial. La integración de herramientas tecnológicas para la recopilación y gestión de datos será fundamental para obtener documentación útil en materia laboral y de precios de transferencia.
- ***Justificación de Ajustes:*** Es fundamental analizar cómo justificar los ajustes realizados en los precios de transferencia debido a los cambios en los costos laborales, siguiendo la recomendación del párrafo 7.24 de la OCDE, que enfatiza la importancia de documentar adecuadamente las decisiones relacionadas con la asignación de costos y la descripción precisa de la naturaleza de los servicios.

Recomendación:

Desarrollar una documentación robusta que incluya análisis detallados y justificaciones claras de los ajustes realizados, utilizando herramientas tecnológicas para gestionar y actualizar la información de manera eficiente. La transparencia y consistencia en la documentación mejorará la confianza de las autoridades fiscales.

4. Revisión de Contratos Intercompañía y Acuerdos Laborales

Los contratos y acuerdos intercompañía deben ser revisados para reflejar los cambios en los costos laborales y las nuevas regulaciones.

Análisis:

- Contratos Existentes: Evaluar los contratos intercompañía actuales para identificar la necesidad de ajustes en términos de costos y condiciones laborales. Un enfoque colaborativo entre las distintas entidades del grupo puede facilitar esta revisión.
- ***Acuerdos Laborales:*** Considerar cómo los nuevos acuerdos laborales y sindicales afectan los términos contractuales con las entidades relacionadas. Aquí, la alineación de los incentivos laborales otorgados por las diferentes empresas de los grupos puede ayudar a evitar conflictos.

Recomendación:

Actualizar y renegociar los contratos intercompañía para asegurar que reflejen de manera justa y precisa los costos laborales ajustados y cumplan con las nuevas regulaciones. Esto también puede ser una oportunidad para renegociar términos que beneficien a ambas partes.

5. Desafíos Fiscales y Oportunidades de Optimización

La Reforma Laboral presenta tanto desafíos fiscales como oportunidades para optimizar las políticas de precios de transferencia.

Análisis:

- ***Desafíos Fiscales:*** Identificar los principales desafíos fiscales, como la necesidad de ajustar los precios de transferencia y mantener el cumplimiento continuo. La carga administrativa puede aumentar, lo que requiere más recursos.
- ***Oportunidades de Optimización:*** Evaluar las oportunidades para optimizar la gestión de precios de transferencia, incluyendo la mejora en la eficiencia operativa y la reducción de costos innecesarios. La tecnología puede jugar un papel clave en la automatización de procesos y ahorro de costos.

Recomendación:

Desarrollar estrategias proactivas para abordar los desafíos fiscales y aprovechar las oportunidades de optimización, implementando cambios humanos y tecnológicos que mejoren la eficiencia y la rentabilidad. La proactividad en la gestión de riesgos fiscales puede reducir sorpresas negativas.

6. Capacitación y Desarrollo de Competencias

Es crucial capacitar al personal en las nuevas normativas legales y de procedimiento, y en la gestión de precios de transferencia, post-Reforma Laboral.

Análisis:

- *Necesidades de Capacitación:* Identificar las áreas en las que el personal necesita formación adicional sobre la Reforma Laboral y precios de transferencia. La capacitación continua es vital en un entorno que cambia rápidamente.
- *Desarrollo de Competencias:* Evaluar el desarrollo de competencias técnicas y habilidades necesarias para gestionar eficazmente los precios de transferencia en el nuevo contexto. La especialización en precios de transferencia debe ser una prioridad.

Recomendación:

Implementar programas de capacitación continua para el personal, asegurando que estén actualizados sobre las nuevas regulaciones y mejores prácticas en la gestión laboral y de precios de transferencia. También es recomendable fomentar la formación cruzada entre departamentos.

7. Monitoreo y Adaptación Continua

La capacidad para adaptarse a cambios futuros y mantener el cumplimiento continuo es esencial para la gestión efectiva de precios de transferencia.

Análisis:

- *Sistema de Monitoreo:* Desarrollar un sistema de monitoreo permanente para evaluar el cumplimiento y la efectividad de las políticas de precios de transferencia. Un enfoque basado en métricas permitirá una valoración más objetiva.
- *Adaptación a Cambios:* Evaluar cómo adaptar las políticas y prácticas de precios de transferencia en respuesta a futuros cambios en la legislación laboral y fiscal. La flexibilidad y rapidez de respuesta serán esenciales en la implementación y adaptación.

Recomendación:

Establecer un proceso de revisión y adaptación continua, utilizando indicadores clave de desempeño y realizando auditorías periódicas para asegurar el cumplimiento y la optimización. La comunicación fluida entre equipos y departamentos será clave de éxito.

En resumen, el análisis de precios de transferencia de las empresas mexicanas post-Reforma Laboral 2021 implica una revisión exhaustiva de las políticas y prácticas existentes para adaptarse a las nuevas regulaciones. Abordar los cambios en los costos laborales, actualizar la documentación y los contratos, y capacitar al personal son pasos esenciales para optimizar las estrategias de precios de transferencia, mejorar la eficiencia operativa y garantizar el cumplimiento con las nuevas normativas laborales y fiscales. La clave está en implementar un enfoque proactivo y adaptable que permita enfrentar los desafíos y aprovechar las oportunidades en el nuevo entorno regulatorio.

II. Lecciones Aprendidas de la Implementación

Para este Capítulo tuvimos la oportunidad de platicar con consultores y empresarios que manejan el tema laboral, con el propósito de conocer las experiencias que han vivido en estos tres años de la Reforma Laboral de 2021 en México desde la actividad empresarial.

Contamos con los comentarios de un Directivo de los Grupos Farmacéuticos nacionales más grandes del país, un reconocido Fiscalista que labora en una Consultora de renombre, una experta Laboralista especialista en temas de Seguridad Social y una profesional independiente dedicada a Precios de Transferencia. Todos ellos viven la misma reforma laboral desde diferente óptica y con diferentes impactos, sus comentarios se resumen a continuación:

1. Entrevistado: Director de Grupo Farmacéutico

Entrevista: Impacto de la Reforma Laboral en el ámbito Empresarial

Este reporte de entrevista ofrece una visión detallada de las estrategias, retos y beneficios que un empresario farmacéutico ha experimentado en la implementación y adaptación continua a la Reforma Laboral en su grupo empresarial.

1. Acciones tomadas para incorporar la Reforma Laboral en su Grupo Empresarial en 2021

El proceso de incorporación de la Reforma Laboral en el grupo empresarial resultó más complejo de lo anticipado. Inicialmente, se pensó que sería suficiente con designar a una persona capacitada para controlar la actividad y supervisar el área jurídica, fiscal y legal, que ya estaba bien estructurada con profesionales en procesos legales y contaduría pública que manejaban declaraciones, IMSS y recibos de nómina. Sin embargo, se subestimaron las implicaciones prácticas.

Se decidió realizar visitas a todas las sucursales para asegurarse de que todos los proveedores estuvieran registrados en el REPSE, ajustando y depurando los registros para definir quiénes debían estar incluidos. Esto requirió un criterio muy fino, especialmente al trabajar con personas físicas y definir la frecuencia de sus visitas. Se convocaron juntas para exponer el tema y se adquirieron programas que permitieron a los proveedores subir su información, lo que facilitó el trabajo, aunque sigue siendo necesario un seguimiento personal. La empresa, que no contaba con una prestadora de servicios interna, tuvo que enfrentar la complejidad adicional de manejar estos cambios con sus propios empleados. En cuanto a la Participación de los Trabajadores en las Utilidades (PTU), se adoptó un enfoque equiparable, aunque la gestión de servicios como el transporte de mercancías presentó desafíos adicionales debido a la variabilidad en los costos.

2. Cambios principales derivados de las acciones tomadas

Entre los cambios más significativos, se destaca la designación de personal específico para gestionar el proceso, que inicialmente se manejaba mediante papeles de trabajo en Excel y llamadas telefónicas. Hubo un esfuerzo significativo por identificar empresas que operaban con SAP para mejorar y adaptar los procesos internos, ya que muchas otras empresas de tecnología no se ajustaban a las nuevas normativas. Además, se introdujeron mejoras en la gestión de mantenimiento de Tecnologías de Información para apoyar estas nuevas tareas.

3. Mayores retos a tres años de la entrada en vigor de la Reforma Laboral

El mayor reto ha sido el control continuo y la definición clara de los servicios que deben registrarse en el REPSE, lo que se ha convertido en una tarea diaria. La falta de conocimiento entre muchos proveedores ha sido un obstáculo, lo que ha requerido presionarlos y apoyarlos con el equipo necesario para cumplir con la normativa. La carga administrativa ha aumentado considerablemente, y se han implementado medidas de prevención, como la suspensión de pagos a proveedores que no cumplen con los requisitos.

4. Beneficios obtenidos

Los beneficios incluyen un mayor control sobre los contribuyentes y la seguridad de cumplir con las normativas, lo que ha liberado a la empresa de posibles problemas fiscales relacionados con la aplicación de la nueva Ley Laboral. Además, la empresa ahora tiene la capacidad de identificar y rechazar gastos de proveedores que no cumplen con la normativa, lo que les ha permitido mantener un alto nivel de cumplimiento y eficiencia operativa.

5. Cambios futuros para seguir en cumplimiento de la Reforma Laboral

En el futuro, la empresa planea adoptar una visión más estratégica y critica, evaluando constantemente los riesgos asociados con la prestación de servicios. Se enfatizará la importancia de la "materialidad", asegurando que los conceptos y servicios prestados estén claramente definidos y se ajusten a las normativas vigentes.

2. Entrevistado: Fiscalista

Reporte de Entrevista: Impacto de la Reforma Laboral en ámbito Fiscal

Este reporte resume los hallazgos de la entrevista realizada a un experto fiscalista, que labora en una consultora reconocida por la capacidad de análisis de sus profesionales, sobre el impacto de la Reforma Laboral en el ámbito fiscal. La entrevista aborda los principales cambios introducidos por la reforma, las recomendaciones de los fiscalistas para su implementación, los retos encontrados a casi tres años de su entrada en vigor, los beneficios obtenidos, y las sanciones y recomendaciones para el cumplimiento continuo.

1. Principales Cambios en la Reforma Laboral y sus Implicaciones Fiscales

La Reforma Laboral prohibió la subcontratación de personal para actividades no especializadas, obligando a las empresas a incorporar estos trabajadores a sus nóminas. Esto impactó directamente en la estructura de costos y en la administración de impuestos sobre la nómina. Se impusieron nuevos requisitos sobre las condiciones laborales y el cumplimiento de derechos, influyendo en las deducciones fiscales y en la administración de los recursos humanos. Asimismo, se limitó el monto del reparto de utilidades a tres meses de salario o al promedio de los últimos tres años, afectando la planificación fiscal y la distribución de utilidades entre los empleados. Otro aspecto que impacto el ámbito fiscal fue la introducción de la obligación de registrar a los proveedores de servicios especializados en el registro REPSE. Este cambio aumentó la carga administrativa y afectó la gestión de la documentación fiscal.

2. Recomendaciones de los Fiscalistas para Implementar la Reforma Laboral

Integrar a los trabajadores de outsourcing en la nómina interna para cumplir con la normativa, ajustando prácticas de contratación y administración de nómina. Revisar y actualizar contratos con proveedores de servicios para cumplir con los requisitos del REPSE y asegurar una correcta clasificación de las actividades. Desarrollar sistemas de control internos para garantizar el cumplimiento de la normativa y mantener documentación adecuada. Capacitar al personal de recursos humanos y de finanzas sobre los nuevos requisitos legales y las implicaciones fiscales. Consultar regularmente con expertos en derecho laboral y fiscal para asegurar una correcta interpretación y aplicación de la reforma.

3. Retos Fiscales a Casi Tres Años de la Reforma

Hay que asegurar que todos los proveedores estén registrados en REPSE ha sido un desafío, con dificultades para mantener documentación actualizada. La integración de trabajadores de outsourcing ha complicó la administración de salarios, beneficios y deducciones fiscales. El ajuste a los nuevos requisitos ha aumentado la carga administrativa, especialmente para pequeñas y medianas empresas. Las autoridades fiscales han intensificado las auditorías, aumentando la necesidad de ajustar procesos internos y prepararse para inspecciones más rigurosas.

4. Beneficios Obtenidos

La reforma ha promovido una mayor transparencia en las relaciones laborales y en la administración de servicios especializados. La necesidad de cumplir con REPSE ha resultado en una documentación más precisa y organizada, ayudando a prevenir problemas fiscales. La reforma ha facilitado la integración de servicios y mano de obra dentro de la estructura empresarial, contribuyendo a una mayor eficiencia operativa.

5. Invitaciones de las Autoridades Fiscales

Las autoridades fiscales han emitido invitaciones y requerimientos para abordar desviaciones en el cumplimiento de la Reforma Laboral. Estas invitaciones se han relacionado con la falta de registro en REPSE, inconsistencias en la documentación y errores en la integración de trabajadores.

6. Causas de Multas y su Relevancia

No registrar a proveedores en REPSE ha sido una causa común de multas. Errores en la documentación que respalda el cumplimiento de requisitos laborales y fiscales. No cumplir con los límites para el reparto de utilidades también ha sido motivo de sanciones. Estas multas han tenido relevancia significativa, impactando financieramente a los contribuyentes y afectando su reputación y capacidad operativa.

7. Recomendaciones para el Cumplimiento Continuo

Implementar sistemas de monitoreo para asegurar el cumplimiento con los requisitos de la Reforma Laboral. Realizar revisiones periódicas para garantizar la precisión y actualización de la documentación. Ajustar políticas internas para reflejar cambios en la legislación laboral y fiscal. Mantener al personal informado sobre las últimas actualizaciones y requisitos. Consultar con expertos para adaptarse a cambios en la legislación y en la interpretación de normas.

Cierre de entrevista

El Fiscalista resumió la entrevista con la siguiente idea: *La Reforma Laboral ha traído cambios significativos que impactan tanto la administración fiscal como laboral de las empresas. Si bien ha presentado desafíos importantes, también ha ofrecido beneficios en términos de transparencia y mejora en la documentación. La clave para un cumplimiento fiscal exitoso radica en una adecuada implementación de las recomendaciones, monitoreo continuo y una adaptación proactiva a los cambios regulatorios.*

3. Entrevistado: Experta Laboralista

Entrevista: Impacto de la Reforma Laboral en el ámbito de la Seguridad Social

1. ***Que acciones se tomaron para incorporar la reforma Laboral en la práctica profesional en 2021***

La reforma laboral de 2021 en varios países, incluido México, buscó mejorar las condiciones laborales y modernizar las relaciones de trabajo. Para su incorporación en la práctica profesional, se tomaron acciones significativas. Se crearon tribunales especializados en materia laboral para sustituir a las juntas de conciliación y arbitraje, lo que permitió agilizar y transparentar los procesos. Además, se establecieron centros de conciliación para resolver conflictos laborales de manera más rápida y eficaz antes de llegar a un juicio.

En el ámbito de la democratización sindical, se impuso la obligación de que las elecciones sindicales se realicen mediante voto libre, directo y secreto, garantizando así la representatividad y transparencia en los procesos de negociación colectiva. También se prohibieron prácticas de subcontratación laboral abusiva, permitiendo solo la subcontratación de servicios especializados que no formen parte del objeto social de la empresa. Se introdujeron disposiciones para regular el teletrabajo, estableciendo derechos y obligaciones tanto para empleados como para empleadores.

Asimismo, se implementaron programas de capacitación para empleadores y trabajadores, con el fin de informar sobre los nuevos derechos y obligaciones derivados de la reforma. Las empresas actualizaron sus reglamentos internos y políticas laborales para alinearse con las nuevas disposiciones legales. Para asegurar el cumplimiento de estas normativas, se incrementaron las inspecciones laborales y se establecieron sanciones más severas para aquellas empresas que no cumplan con las nuevas regulaciones.

Estas acciones fueron parte de un esfuerzo integral para asegurar que la reforma laboral no solo se aprobara en el papel, sino que se aplicara efectivamente en el ámbito profesional, beneficiando tanto a los trabajadores como a los empleadores.

2. ***¿Cuáles fueron los cambios principales derivados de la Reforma Laboral que los clientes debieron considerar?***

Los principales cambios derivados de la Reforma Laboral 2021 que los clientes, especialmente empleadores y trabajadores, debieron considerar incluyen:

Los cambios principales derivados de la Reforma Laboral 2021 que los clientes, especialmente empleadores y trabajadores, debieron considerar incluyen la prohibición del outsourcing abusivo, permitiendo solo la subcontratación de servicios especializados que no formen parte del objeto social o actividad principal de la empresa. Las empresas que brindan estos servicios deben registrarse en el padrón público de REPSE y cumplir con requisitos específicos. Además, se instauró una nueva justicia laboral, reemplazando las Juntas de Conciliación y Arbitraje por tribunales laborales para mejorar la eficiencia y transparencia en la resolución de conflictos, incluyendo centros de conciliación obligatoria que buscan resolver disputas de forma más rápida y amistosa.

La democratización sindical también fue un aspecto clave, implementando procesos democráticos en las elecciones sindicales para asegurar que los líderes realmente representen a los trabajadores. Se exige la legitimación de los contratos colectivos de trabajo mediante la aprobación de los trabajadores a través de voto personal, libre y secreto. En cuanto al teletrabajo, se establecieron derechos y obligaciones específicos, como el derecho a la desconexión digital, la provisión de equipos por parte del empleador y la compensación de gastos relacionados con el trabajo a distancia.

Adicionalmente, se obliga a los empleadores a proporcionar capacitación continua a sus empleados para garantizar el cumplimiento de las nuevas normativas laborales y mejorar sus habilidades. Se ha incrementado el rigor en las inspecciones laborales, con sanciones más severas para quienes incumplan las disposiciones, especialmente en relación con la subcontratación y derechos laborales. Por último, se establece la obligación de incluir a los trabajadores subcontratados en el seguro social, garantizando su acceso a prestaciones y servicios de salud. Estos cambios buscan mejorar la protección de los derechos laborales, promover la transparencia y la democracia en las relaciones laborales, y adaptar el marco legal a las nuevas realidades del mercado de trabajo, lo que obliga a los clientes a ajustar sus prácticas y políticas internas para cumplir con la nueva legislación y evitar sanciones.

Estos cambios fueron diseñados para mejorar la protección de los derechos laborales, promover la transparencia y la democracia en las relaciones laborales, y adaptar el marco legal a las nuevas realidades del mercado de trabajo. Los clientes debieron considerar estos aspectos y ajustar sus prácticas y políticas internas para cumplir con la nueva legislación y evitar sanciones.

3. ***A casi tres ños de la entrada en vigor de la Reforma Laboral cuales han sido los mayores retos para los Asesores, y cuales para los contribuyentes***

Para los Asesores:

Mantenerse actualizado con los cambios legislativos y las nuevas normativas ha sido un desafío constante para los asesores en el ámbito laboral. Este esfuerzo ha llevado a invertir tiempo y recursos en formación continua, crucial para entender y aplicar adecuadamente la reforma. Además, la nueva legislación suele incluir términos y disposiciones ambiguas, lo que ha demandado una interpretación minuciosa.

En algunos casos, se ha hecho necesario recurrir a expertos legales y tribunales para clarificar aspectos de la normativa. Asimismo, se ha requerido la adaptación de los sistemas internos y los procesos de recursos humanos para cumplir con los nuevos requisitos, incluyendo la digitalización de los expedientes laborales y la implementación de la conciliación obligatoria. La creación de tribunales laborales y centros de conciliación ha puesto de manifiesto la necesidad de desarrollar estrategias y conocimientos específicos para manejar conflictos laborales de manera efectiva y eficiente.

La organización y asesoría en las elecciones sindicales también ha representado un reto significativo, puesto que es fundamental garantizar que estos procesos se lleven a cabo de forma transparente y democrática. Por último, educar tanto a empleadores como a trabajadores sobre sus nuevos derechos y obligaciones ha sido esencial, demandando una comunicación constante y efectiva para facilitar la adaptación a los cambios que ha traído la reforma laboral.

4. ***Para los Contribuyentes (Empleadores y Trabajadores):***

Los han tenido que revisar y modificar sus políticas internas, reglamentos y contratos colectivos para alinearse con la nueva legislación. Este proceso ha involucrado un esfuerzo considerable en la adaptación a nuevas normativas y el cumplimiento de nuevas obligaciones, lo que ha planteado retos logísticos y operativos, especialmente en lo que respecta a la conciliación obligatoria y la gestión de conflictos a través de los nuevos tribunales laborales.

Además, asegurar que la subcontratación cumpla con las nuevas regulaciones y mantener la documentación necesaria para evitar el outsourcing abusivo han exigido una revisión exhaustiva de las prácticas laborales. La inversión en tecnología para la gestión digital de documentos y en la capacitación del personal en nuevas prácticas laborales ha representado un desafío tanto económico como logístico para los empleadores.

En el ámbito de la democratización sindical, han tenido que adaptarse para llevar a cabo elecciones sindicales que cumplan con nuevos estándares de transparencia y democracia, lo que implica un cambio significativo en la dinámica de las relaciones laborales. También ha sido necesario crear y ajustar políticas de teletrabajo que garanticen derechos laborales y condiciones adecuadas para los empleados que trabajan desde casa.

En resumen, tanto asesores como contribuyentes han tenido que enfrentar un entorno complicado, adaptándose a una nueva realidad laboral que busca mayor justicia y transparencia. La implementación efectiva de la reforma laboral sigue siendo un proceso en evolución que presenta desafíos significativos, los cuales requieren un enfoque proactivo y una constante actualización. La Reforma Laboral de 2021 ha traído consigo beneficios importantes para trabajadores y empleadores, con el objetivo de modernizar el marco legal y mejorar las condiciones de trabajo.

5. *¿Cuáles han sido los beneficios obtenidos en la Reforma Laboral 2021?*

La Reforma Laboral de 2021 ha traído una serie de beneficios significativos para trabajadores y empleadores, con el objetivo de modernizar el marco legal laboral y mejorar las condiciones de trabajo. A continuación, se destacan algunos de los beneficios más importantes:

Para los Trabajadores:

Se refuerza la protección de derechos laborales básicos, asegurando estabilidad en el empleo, derecho a la negociación colectiva e igualdad de trato. Se promueve la democratización sindical mediante elecciones sindicales libres, secretas y directas, garantizando liderazgos representativos. La creación de tribunales laborales especializados mejora la eficiencia y transparencia en la resolución de conflictos, reduciendo tiempos de espera y costos judiciales. Se requiere que los contratos colectivos sean votados y aprobados por los trabajadores, fortaleciendo su legitimidad y mejorando las condiciones laborales.

Además, la reforma protege a los trabajadores contra el outsourcing abusivo, asegurando que accedan a todas las prestaciones y derechos laborales correspondientes. Asimismo, se establecen normas claras para el teletrabajo, garantizando derechos adecuados, como la protección de datos personales y el derecho a la desconexión digital.

Para los Empleadores:

La reforma busca simplificar los procesos laborales, facilitando la implementación de buenas prácticas en recursos humanos y reduciendo la burocracia. La regulación de la subcontratación permite a los empleadores utilizar esta práctica de manera legítima, evitando riesgos legales y garantizando que los trabajadores reciban todas sus prestaciones. La creación de centros de conciliación obliga a empleadores y trabajadores a buscar soluciones mediante la mediación antes de litigar, lo que reduce conflictos y mejora las relaciones laborales.

Además, la reforma alinea la legislación laboral con estándares internacionales actuales, mejorando potencialmente la competitividad y la imagen global de las empresas. Asimismo, impulsa la adopción de mejores prácticas laborales, fortaleciendo la responsabilidad social empresarial y mejorando la reputación de las compañías.

Beneficios Generales:

La reforma ha incrementado la transparencia en los procesos laborales, fomentando la confianza entre trabajadores y empleadores. La creación de tribunales laborales y centros de conciliación ha reducido los tiempos de resolución de conflictos, disminuyendo costos y carga judicial. Además, la reforma promueve una cultura de innovación y productividad en el trabajo, mejorando la gestión laboral y beneficiando tanto a empresas como a trabajadores.

En resumen, la Reforma Laboral de 2021 ha supuesto un avance significativo en la protección de los derechos laborales, la mejora de las relaciones laborales y la modernización del marco normativo, beneficiando a todos los actores del mercado laboral.

6. *Hacia adelante que cambios serán necesarios realizar por los Grupos Empresariales y como los Asesores apoyara para su implementación*

Hacia adelante, los grupos empresariales deberán realizar varios cambios para adaptarse a la Reforma Laboral de 2021 y a las posibles futuras modificaciones en el ámbito laboral. Los asesores desempeñarán un papel crucial en apoyar a las empresas en la implementación de estos cambios. Aquí se detallan los principales cambios necesarios y cómo los asesores pueden ayudar en su implementación:

Cambios Necesarios para los Grupos Empresariales:

Los cambios necesarios para los grupos empresariales en respuesta a la Reforma Laboral 2021 implican una actualización integral de políticas, prácticas y procedimientos internos, así como de capacitación para los empleados y empresarios.

Los grupos empresariales deben realizar una actualización integral de sus políticas, prácticas y procedimientos internos, además de capacitar a empleados y empresarios para alinearse con la Reforma Laboral 2021. Es esencial revisar y ajustar los contratos de trabajo, reglamentos internos y políticas de recursos humanos para que cumplan con las nuevas normativas, incluyendo políticas detalladas para el teletrabajo.

También es fundamental adaptar las prácticas de subcontratación para evitar el outsourcing abusivo, utilizando únicamente servicios especializados permitidos por la ley y manteniendo un registro actualizado de proveedores que cumplan con los requisitos legales y estén inscritos en el registro REPSE.

Además, se debe facilitar la realización de elecciones sindicales libres, secretas y directas, fortalecer los procesos de negociación colectiva y asegurar la transparencia y participación de los trabajadores. Es importante establecer mecanismos internos de conciliación laboral y preparar a los departamentos legales y de recursos humanos para interactuar efectivamente con los nuevos tribunales laborales.

Asimismo, invertir en la capacitación continua de empleados y gerentes para que estén al tanto de los cambios legales y mejorar sus habilidades y competencias, promoviendo una cultura de aprendizaje continuo.

Apoyo de los Asesores para la Implementación:

Los asesores jugarán un rol vital proporcionando el expertise necesaria para asegurar que estas adaptaciones se realicen de manera efectiva y cumpliendo con la normativa vigente, promoviendo así un entorno laboral justo y eficiente.
Los asesores desempeñan un papel crucial proporcionando el conocimiento necesario para asegurar que las adaptaciones a la normativa vigente se realicen de manera efectiva, promoviendo un entorno laboral justo y eficiente. Su asesoría incluye realizar auditorías para asegurar el cumplimiento de nuevas normativas y ofrecer apoyo legal especializado para interpretar y aplicar correctamente la reforma laboral.

También colaboran en el diseño y actualización de políticas laborales internas, como las relacionadas con el teletrabajo, subcontratación y derechos sindicales, y en la creación o revisión de manuales del empleado que reflejen los cambios normativos y prácticas recomendadas.

Además, ofrecen programas de capacitación para empleados y gerentes sobre cambios legislativos y mejores prácticas, organizando webinars, podcasts y seminarios para mantener a los clientes informados sobre las actualizaciones que afectan sus operaciones.

En el ámbito de gestión de conflictos, proporcionan servicios de mediación y conciliación para resolver disputas laborales eficientemente, evitando litigios costosos, y asesoran en estrategias de negociación colectiva cumpliendo con los nuevos estándares legales.

Finalmente, apoyan en la implementación de sistemas tecnológicos para la gestión documental, teletrabajo y procesos de recursos humanos que cumplan con las normativas actuales, recomendando e integrando software de cumplimiento legal para facilitar la gestión de las obligaciones laborales.

7. ***Cuáles han sido las mayores sanciones que se hubieran atendido y como se solventaron.***

La Reforma Fiscal de 2021 en México, además de las reformas laborales, introdujo cambios significativos en la regulación y fiscalización de las prácticas empresariales, especialmente en lo que respecta a la subcontratación (outsourcing) y la evasión fiscal.

Aquí se describen algunas de las mayores sanciones que se han impuesto y cómo se solventaron:

Mayores Sanciones Derivadas de la Reforma Fiscal 2021

1. Sanciones por Uso Indebido del Outsourcing:

- Las empresas que continuaron utilizando esquemas de subcontratación prohibidos enfrentaron multas significativas. La reforma estableció sanciones de hasta $4,481,000 MXN por cada infracción.
- Las empresas que contratan servicios de outsourcing ahora son responsables solidarias de las obligaciones laborales y fiscales, lo que puede incluir el pago de salarios, contribuciones de seguridad social y prestaciones.

2. Sanciones por Evasión Fiscal y Facturación Falsa:

- Empresas involucradas en la emisión de facturas falsas para deducir impuestos ilegítimamente enfrentaron severas penalidades fiscales y, en algunos casos, procesos judiciales que incluyen prisión.
- La reforma permitió a las autoridades fiscales revocar certificaciones fiscales de empresas que se involucraran en prácticas de evasión fiscal.

3. Sanciones por Incumplimiento de Obligaciones de Seguridad Social:

- Las empresas que no cumplieron con el pago de las cuotas al IMSS y al INFONAVIT enfrentaron multas y la obligación de pagar los montos adeudados con recargos y actualizaciones.

Resolución de Sanciones

Para resolver estas sanciones, las empresas y sus asesores han tenido que implementar una serie de medidas correctivas y preventivas:

Regularización de la Subcontratación:

- Las empresas proveedoras de servicios de subcontratación debieron registrarse en el REPSE, demostrando que cumplen con las nuevas normativas.
- Las empresas revisaron y ajustaron sus contratos de subcontratación para asegurarse de que solo se contraten servicios especializados que no formen parte de su actividad principal.

Fortalecimiento del Cumplimiento Fiscal:

- Realización de auditorías internas para identificar y corregir prácticas de facturación indebida y asegurar el correcto cumplimiento de las obligaciones fiscales.
- Empresas que habían emitido o recibido facturas falsas trabajaron en su regularización, ajustando sus declaraciones fiscales y para evitar sanciones mayores de las autoridades.

Pago de Cuotas de Seguridad Social:

- Las empresas regularizaron el pago de sus cuotas al IMSS y al INFONAVIT, asegurándose de estar al día con estas contribuciones y evitando así multas adicionales.
- En algunos casos, las empresas negociaron programas de pago con las autoridades para saldar las deudas acumuladas de manera más manejable.

Cierre de entrevista

El especialista laboralista resumió la entrevista con las siguientes palabras: "*La Reforma Fiscal 2021 ha obligado a las empresas a revisar y ajustar sus prácticas para evitar sanciones severas. Con el apoyo de asesores especializados, las empresas han podido regularizar su situación fiscal, implementar mejores prácticas de cumplimiento y minimizar riesgos futuros, contribuyendo así a un entorno empresarial más transparente y regulado*".

1. Entrevistada: Especialista en Precios de Transferencia

Entrevista: Impacto de la Reforma Laboral en Precios de Transferencia

Este reporte de entrevista proporciona un análisis profundo de cómo la Reforma Laboral ha afectado las prácticas de precios de transferencia en las empresas, destacando los retos, actividades y beneficios derivados de la adaptación a las nuevas normativas.

1. ***Cuáles fueron las expectativas de la modificación a las disposiciones de Precios de Transferencia nacional como consecuencia de la Reforma Laboral***

Aunque la Reforma Laboral no tiene un impacto directo en los Precios de Transferencia, puede influir indirectamente al mejorar la transparencia en las relacionas laborales y las prácticas de la documentación de. Esto es beneficioso para el cumplimiento de las normativas fiscales y de Precios de Transferencia. Se esperaba que, debido a los cambios legislativos, se redujera el número de empresas dedicadas a la prestación de servicios relacionados con actividades profesionales y de prestación de servicios, ya que muchos trabajadores que estaban en outsourcing pasarían a formar parte de la estructura de las empresas operativas. Con ello, se anticipaba un posible impacto en el margen de rentabilidad, aunque, dado que estas empresas ya asumían su carga laboral a través de una empresa relacionada, el impacto directo en sus costos vino con el cambio en el nivel de prestaciones y beneficios derivados del cumplimiento de la reforma.

El tema más delicado estaba en la PTU, donde se temía que los trabajadores pudieran recibir hasta seis meses de salario como reparto. Sin embargo, la limitante de hasta tres meses de salario, establecida por la LFT, disipó esas dudas. La reforma tuvo un impacto en empresas intensivas en mano de obra al implementar este límite, disminuyendo la rentabilidad ordinaria de las empresas operativas y ser más comparables a empresas que prestan servicios similares en otros mercados.

A pesar de estos cambios, con él tiempo, se confirmó que el margen de rentabilidad de las empresas operativas se mantuvo dentro de los rangos intercuartiles determinados con información de empresas comparables, ya que su esencia operativa no había cambiado. En cuanto a las prestadoras de servicios, ahora se deben enfocar en actividades clasificadas como prestadoras de Servicios de Bajo Valor según lo señalado en el Capítulo VII de las Guías de PT, donde se esperan márgenes de rentabilidad menores, puesto que ya no prestan servicios operativos o de alto valor que requieran asumir riesgos adicionales.

2. *Actividades de PT realizadas en respuesta/apoyo a la reforma de Ley*

La carga administrativa aumentó considerablemente en las empresas intensivas en mano de obra, especialmente para cumplir con los requisitos del Registro REPSE. En algunos casos, la carga administrativa fue subestimada, resultando en la acumulación de partidas no deducibles y el consiguiente pago de impuestos. Se realizaron reuniones de trabajo para clasificar a los empleados como "servicios especializados" o "servicios de apoyo – bajo valor", lo que implicó revisar sus descripciones de puesto y su papel en la cadena de valor del negocio.

También se llevaron a cabo actividades de análisis con proveedores, lo que resultó ser un proceso arduo y complejo. Hubo negociaciones intensas para definir si los proveedores debían ser clasificados como REPSE o no y su comunicación para la entrega de la documentación que los calificaba como tales. En estas reuniones participaron diversas áreas de las empresas, incluyendo el área legal, laboral, contable, auditoria y de precios de transferencia de ambas partes.

3. *Impacto de la Reforma Laboral en las actividades de Precios de Transferencia*

A raíz de la Reforma Laboral las pequeñas y medianas empresas intensivas en capital humano, vieron disminuidos sus márgenes de utilidad operativa, lo que trajo consigo la necesidad de reestructurar las actividades en los GE donde el outsourcing era una práctica común, lo que en algunos casos llevó a la reorganización o desaparición de empresas prestadoras de servicios. Al tiempo que surgió la duda de si este cambio debía considerarse una reestructuración reportable en el Formato 76 de Información de Operaciones Relevantes, dado que implicaba una pérdida significativa de actividad operativa y económica de las empresas prestadoras de servicios. Sin embargo, se concluyó que, al tratarse de reorganización realizada como respuesta a una reforma gubernamental, no debía considerarse una reestructuración corporativa para efectos de Precios de Transferencia según el Capítulo IX - Reestructuraciones Empresariales, de las Guías de la OCDE.

Además, se determinó que la salida de trabajadores ordinarios no implicaba la venta de un activo intangible, por lo que no se consideró necesario indemnizar a la prestadora de servicios al transferir sus empleados a las empresas operativas, o donde habían estado prestando sus servicios. En su lugar, solo se transfirió la carga y antigüedad laboral de los empleados para que conservaran sus derechos adquiridos.

4. *Retos enfrentados en Precios de Transferencia a casi tres años de la entrada en vigor de la Reforma Laboral*

Uno de los mayores retos ha sido identificar cuando la disminución en la utilidad operativa de una empresa intensiva en mano de obra es consecuencia de la Reforma Laboral y no de problemas derivados de operaciones con partes relacionadas. Aunque se sabe que pueden existir otros factores de precios de transferencia que impactan los resultados, en esos momentos, era evidente que los cambios en los costos laborales eran los causantes de la disminución en la rentabilidad. Un reto adicional ha sido ajustar los precios de venta de los bienes y servicios para reflejar el incremento en los costos laborales sin afectar la competitividad de la empresa en el mercado.

Las empresas que transitaron del outsourcing al insourcing tuvieron que adaptarse a la nueva carga administrativa impuesta por la Reforma Laboral. Aunque el costo de esta transición fue relativamente bajo, hubo casos donde se presentaron efectos colaterales inesperados. Con el tiempo, la curva de aprendizaje se ha estabilizado, y las empresas operativas han vuelto a mantener niveles de rentabilidad acordes con su industria. Las remuneraciones de los empleados no se vieron afectadas, y los sindicatos siguen analizando anualmente los niveles de utilidad, presentando discrepancias ante los órganos de Conciliación y Arbitraje cuando lo estiman necesario.

Se ha observado que algunas empresas, para cumplir con la obligación de mantener a los empleados dentro de sus actividades operativas, han generado niveles de utilidades artificialmente mayores a los quc obtendrían de no haber implementado la Reforma Laboral. Aunque esto no representa un riesgo fiscal, ya que las utilidades adicionales están sujetas al pago de impuestos, cabe señalar que no es la forma más adecuada de operar los niveles de utilidad según las normas de precios de transferencia, por lo que analizar los márgenes de contraprestación pactados y la base cálculo, puede llevar a soluciones más alineadas y de mayor permanencia.

5. *Beneficios obtenidos*

La reforma ha alineado mejor a las empresas prestadoras de servicios con el Capítulo VII - Consideraciones especiales por servicios dentro del grupo, de las Guías de PT de la OCDE, agrupando actividades de bajo valor en empresas de soporte y teniendo empleados que ejecutan actividades direccionadas a la actividad principal dentro de las empresas operativas. Esto ha resultado en una mayor transparencia, orden y comparabilidad en los negocios. Además, se ha mejorado la gestión de las políticas de precios de transferencia, lo que asegura el cumplimiento con las regulaciones fiscales y laborales.

Por otro lado, la reforma ha promovido una mayor formalización de las relaciones laborales y empresariales, incentivando a las empresas a mejorar la documentación de precios de transferencia relacionada con sus operaciones y transacciones entre partes relacionadas, lo cual es fundamental para cumplir con las normativas de la OCDE. Con una mejor documentación y transparencia, las empresas pueden reducir los riesgos de ajustes fiscales relacionados con la falta de cumplimiento de precios de transferencia.

Capítulo 7: Perspectivas Internacionales

I. Impacto de la Reformas Laborales en México y otros países

En 2021, el mundo se vio inmerso en una serie de reformas laborales diseñadas para beneficiar a los trabajadores mediante la formalización de derechos adquiridos en décadas anteriores. Diversos países, además de México, implementaron reformas significativas con el objetivo de mejorar las condiciones de trabajo, modernizar las leyes laborales y adaptar sus economías a las nuevas realidades del mercado laboral tanto nacional como internacional.

A continuación, se presenta una tabla que resume los aspectos clave de la Reforma Laboral 2021 en México y su posible impacto en los precios de transferencia en diferentes países. Aunque la Reforma Laboral en México se centra principalmente en mejorar las condiciones laborales, fortalecer la negociación colectiva y garantizar los derechos de los trabajadores, sus implicaciones en los precios de transferencia pueden ser indirectas, especialmente en términos de costos operativos y cumplimiento normativo.

1. Impacto en México

Aspecto Clave	Descripción	Impacto en Precios de Transferencia
Mejora de Condiciones Laborales	Incremento en los salarios mínimos y mejoras en las condiciones de trabajo.	El aumento en los costos laborales puede elevar los precios de transferencia y obligar a las empresas a ajustar sus estrategias de precios para compensar los costos adicionales.
Fortalecimiento de la Negociación Colectiva	Promoción de la negociación colectiva y fortalecimiento de los sindicatos.	Las empresas pueden enfrentar mayores costos debido a acuerdos sindicales más favorables, lo que puede afectar los precios de transferencia al ajustar costos internos.
Regulación de Contratación Temporal y Subcontratación	Restricciones más estrictas sobre la subcontratación y contratación temporal.	Cambios en la estructura de empleo pueden llevar a ajustes en los precios de transferencia si las empresas deben modificar su estructura de costos laborales.

Sistema de Justicia Laboral	Creación de tribunales especializados en conflictos laborales y procedimientos más ágiles.	La mayor seguridad jurídica puede reducir los riesgos asociados con litigios laborales, afectando indirectamente las decisiones sobre precios de transferencia.
Impulso a la Formalización del Empleo	Medidas para combatir el empleo informal y promover la formalización.	La formalización puede llevar a un aumento en los costos operativos, lo que podría influir en la fijación de precios de transferencia para mantener la competitividad.

2. Impacto en Otros Países

Reforma	Aspectos Clave	Impacto en Precios de Transferencia
Alemania Actualización de la Ley de Trabajo Temporal y Teletrabajo	- Introducción de medidas para mejorar la conciliación laboral y familiar. - Incremento en la protección de los derechos laborales y contratos temporales.	- Impacto relativamente menor debido a la estabilidad en costos laborales. - Documentación: se exige completa y precisa. Focalización en la congruencia entre la sustancia y la documentación. - Posible ajuste, se requiere de alta transparencia con regulaciones estrictas y revisión regular.
Argentina Reforma Laboral de 2021	- Aumento de la regulación en términos de derechos laborales y beneficios. - Mejora en las condiciones de trabajo y mayores controles sobre el trabajo informal.	- Los incrementos en los costos laborales pueden influir en las estructuras de precios de transferencia, especialmente en sectores con alta intensidad laboral. - Documentación: exigida bajo las regulaciones de la AFIP y recientemente en línea con OCDE. - Revisión de la sustancia para evitar la manipulación de precios, con desafíos en la transparencia de la aplicación.

Brasil Reforma Laboral de 2017 Continuada	- Flexibilización de Contratos: Negociación directa sin intermediación sindical. - Reducción de la Carga Laboral: Mayor flexibilidad y reducción de carga financiera. - Cambios en la Contribución Sindical: Deja de ser obligatoria.	- Ajustes en la Metodología de Precios de Transferencia: Reflejo de reducción en carga laboral. - Modificación de Contratos: Adaptación a mayor flexibilidad y cambios en contribuciones. - Documentación y Sustancia: requerida por la Receita Federal. La sustancia debe alinearse con las prácticas de mercado reales. - Transparencia: Aumento en su exigencia, pero con desafíos en la implementación.
España Reforma Laboral 2022	- Limitación de la Temporalidad: Promoción de contratos indefinidos. - Prioridad del Convenio de Empresa: Reforzamiento sobre convenios sectoriales. - Aumento en las Contribuciones Sociales: Nuevas contribuciones incrementan costos laborales.	- Ajustes en la Asignación de Costos: Reflejo de incrementos en contribuciones sociales. - Redefinición de Contratos: Adaptación a nuevos requisitos laborales. - Mayor Necesidad de Transparencia: se requiere que las transacciones sean coherentes con la sustancia económica real. Alta transparencia con controles y auditorías estrictas - Documentación: obligación de presentar informes detallados.
Estados Unidos Reformas en el Estado de California	- Ley AB 5 sobre Clasificación de Trabajadores: Limita la clasificación de trabajadores independientes. - Aumento en el Salario Mínimo: Incrementos progresivos. - Expansión de Beneficios Laborales: Mayor acceso a beneficios.	- Reevaluación de Estructuras de Costos: Ajustes por reclasificación de trabajadores y salario mínimo. - Revisión de Políticas de Subcontratación: Ajustes para cumplir con la normativa. Enfoque en la sustancia económica y la razonabilidad de las transacciones. - Ajustes en la Documentación: detallada requerida por el IRS, con énfasis en la coherencia. Mayor precisión en justificación de costos.
India Código de Relaciones Laborales, 2020 (Implementado en 2021)	- Simplificación de leyes laborales y reducción de la burocracia. - Facilidades para la contratación y despido, con énfasis en la reducción de costos laborales.	- Reducción de costos laborales puede llevar a ajustes en los precios de transferencia. - Simplificación de regulaciones puede permitir una alineación más eficiente de los precios de transferencia. - Documentación: requerida por la legislación local. Se exige que las

		transacciones reflejen la realidad económica y comercial. Con desafíos en la implementación efectiva.

Esta tabla ofrece una visión general sobre cómo cada país maneja los aspectos relacionados con precios de transferencia en el contexto de las reformas laborales de 2021. Es importante considerar que las implicaciones exactas pueden variar según la estructura específica de cada empresa y el contexto regulatorio en cada país.

Consideraciones terminables:

- **México y Argentina** tienden a experimentar un mayor impacto en precios de transferencia debido a los incrementos en los costos laborales.
- **Alemania, España, Estados Unidos y Francia** pueden experimentar impactos moderados, principalmente relacionados con la estabilidad y regulación laboral.
- **Brasil e India** pueden ver un impacto significativo en los precios de transferencia debido a los cambios en los costos laborales y la flexibilidad en las regulaciones.

En general, estas reformas, junto con otras no mencionadas, reflejan el esfuerzo global por adaptar las legislaciones laborales a las nuevas realidades del mercado de trabajo internacional, mejorar las condiciones laborales y proteger los derechos de los trabajadores en un contexto de cambios económicos y tecnológicos acelerados.

2. Impacto en las Multinacionales

La Reforma Laboral de 2021 en México ha provocado un impacto significativo en las operaciones de las multinacionales que operan en el país. Esta reforma ha traído consigo cambios que afectaron varios aspectos esenciales del funcionamiento de estas empresas, tales como su estructura organizativa, los costos laborales, las obligaciones normativas y las políticas de precios de transferencia. A continuación, se presentan un análisis detallado de estos efectos y sus consecuencias.

El primero de los impactos más evidentes es la reestructuración en la manera en que las multinacionales contratan personal. La reforma impide la subcontratación de personal, a excepción de servicios especializados, lo que ha llevado a muchas empresas a modificar sus modelos de contratación y a internalizar roles que antes delegaban a terceros. Esto ha resultado en un incremento en los costos operativos y administrativos, ya que las empresas han tenido que crear nuevas divisiones internas para satisfacer sus necesidades laborales. De esta manera, la carga operativa aumenta, y la flexibilidad en las relaciones laborales disminuye, limitando la capacidad de reacción de las multinacionales ante cambios en el mercado.

En segundo lugar, los costos laborales han aumentado considerablemente debido a los requisitos establecidos por la reforma, que incluyen mejoras en prestaciones y una mayor supervisión de las condiciones laborales. Para las multinacionales, este aumento supone un impacto directo en la rentabilidad, dado que el costo por empleado se eleva. Esto también ha llevado a una reevaluación de las políticas de precios de transferencia, ya que las empresas deben asegurar que estos costos ajustados estén correctamente documentados y justificados en sus transacciones intercompañía. Como consecuencia, algunas multinacionales han optado por evaluar su presencia y el tamaño de sus operaciones en México dependiendo de la influencia de estos costos en su rentabilidad general.

Adicionalmente, la reforma ha intensificado las obligaciones de cumplimiento normativo, lo que obliga a las multinacionales a destinar más recursos a la gestión de riesgos y el cumplimiento de las leyes laborales. Esta situación ha llevado a la implementación de auditorías internas más frecuentes y rigurosas para garantizar que todas las empresas del grupo cumplan con los nuevos requisitos. El incumplimiento a estas normativas no solo acarrea sanciones severas, que pueden incluir multas significativas, sino que también pone en juego la reputación de la empresa y su situación financiera.

Otro aspecto que ha sido impactado es el de las políticas de precios de transferencia. Las multinacionales se han visto forzadas a revisar y ajustar estas políticas a la luz de los nuevos costos laborales y a adoptar una mayor transparencia en la documentación de las transacciones intercompañía. Este proceso ha aumentado la carga administrativa y, a su vez, requiere una mayor coordinación con equipos globales de fiscalidad y legalidad para garantizar que las modificaciones estén alineadas con las estrategias de precios de transferencia en otras jurisdicciones.

La necesidad de revisar contratos intercompañía y alianzas estratégicas también ha surgido como un impacto directo de la reforma. Las multinacionales han tenido que renegociar términos y condiciones con proveedores y socios comerciales para asegurarse de que son compatibles con las nuevas regulaciones laborales. Esto puede generar tensiones en las relaciones comerciales y requerir que algunas empresas redefinan sus estrategias de negocio, lo que a veces puede incluir el cambio de proveedores o la reubicación de operaciones.

Los efectos acumulativos de estos cambios se reflejan también en la competitividad global de las multinacionales, especialmente en sectores donde el costo de la mano de obra juega un papel crucial. En consecuencia, las multinacionales que operan en México deben evaluar cómo estas transformaciones pueden afectar su posicionamiento frente a competidores en otras regiones, donde los costos laborales y las regulaciones pueden ser más favorables.

En resumen, la Reforma Laboral de 2021 ha generado cambios profundos y múltiples en las operaciones de las multinacionales en México. La capacidad de adaptación a estos desafíos será crucial para que las multinacionales mantengan su competitividad y alineen sus estrategias en el mercado mexicano con los nuevos requerimientos legales y económicos.

Capítulo 8: Casos de Estudio

I. Precios de Transferencia de Empresas Mexicanas Expost

La Reforma Laboral de 2021 en México ha transformado significativamente el marco regulatorio, impactando directamente las políticas de precios de transferencia de las empresas. Ante esta nueva normativa, las empresas mexicanas deben realizar un análisis exhaustivo que no solo considere los efectos de la reforma, sino también las oportunidades que se presentan para optimizar sus estrategias de precios de transferencia.

En este capítulo, se presenta un análisis sobre cómo las empresas mexicanas pueden ajustar sus políticas de precios de transferencia en el contexto de la Reforma Laboral 2021, haciendo énfasis en los párrafos relevantes de las guías de precios de transferencia de la OCDE.

1. Impacto de la Reforma Laboral en los Costos Laborales

La Reforma Laboral ha introducido cambios significativos en los costos laborales, incluyendo aumentos salariales, mejoras en prestaciones y ajustes en las condiciones de trabajo.

Análisis:

- **Ajustes Salariales:** Las empresas deben evaluar cómo los aumentos salariales y las nuevas escalas salariales impactan los costos de producción y los servicios intercompañía. La OCDE establece en el párrafo 7.9 que la información sobre el contexto económico y las condiciones del mercado laboral es fundamental para una adecuada evaluación de precios de transferencia.
- **Prestaciones y Beneficios:** Es crucial analizar el impacto de las nuevas prestaciones en el costo total de los empleados, asegurando que este impacto se refleje adecuadamente en los precios de transferencia. Aquí, también debemos tener en cuenta el enfoque de "costo total" para garantizar que todas las partidas relevantes se incluyan en el cálculo de la contraprestación pacada por los servicios prestados.

- **Condiciones de Trabajo:** Las modificaciones en las condiciones laborales deben considerarse al establecer los costos operativos y al estructurar precios de transferencia. Esto incluye el análisis de la productividad y la satisfacción del empleado, que pueden afectar indirectamente los costos.

Recomendación:

Actualizar los modelos económicos utilizados en precios de transferencia para reflejar los costos laborales ajustados, garantizando una asignación precisa y equitativa de los gastos entre las partes relacionadas. Es importante contar con un análisis de sensibilidad que permita evaluar el impacto de diferentes escenarios laborales y las operaciones intercompañía.

2. Revisión de Políticas y Metodologías de Precios de Transferencia

Las políticas y metodologías de precios de transferencia deben revisarse y adaptarse para alinearse con los cambios introducidos por la Reforma Laboral.

Análisis:

- **Metodología de Costos:** Es necesario evaluar si la metodología de precios de transferencia basada en costos sigue siendo adecuada o si requiere una revisión detallada para incorporar los nuevos costos laborales. La OCDE destaca la importancia de seleccionar métodos que reflejen fielmente la economía real de las transacciones. Deberíamos considerar enfoques mixtos que combinen métodos de costos con métodos de mercado, dependiendo del tipo de transacción.
- **Métodos Comparables:** Se debe asegurar que los métodos comparables utilizados reflejen las nuevas realidades del mercado laboral y los costos ajustados. Esto requerirá la búsqueda de información más específicas y actualizadas de las compañías seleccionadas como comparables para realizar análisis de rentabilidad válidos.

Recomendación:

Revisar y ajustar las políticas de precios de transferencia aplicando metodologías que integren de manera efectiva los costos laborales actualizados y mejoren la precisión en la asignación de costos. La adaptabilidad de las metodologías en las políticas de precios de transferencia será clave en un entorno regulatorio cambiante.

3. Impacto en la Documentación y Justificación de Precios de Transferencia

La Reforma Laboral exige una documentación más detallada que justificar los costos laborales y su impacto en los precios de transferencia para justificar los ajustes laborales y fiscales realizados.

Análisis:

- **Documentación Requerida:** Identificar los nuevos requisitos de documentación derivados de la Reforma Laboral y evaluar el nivel de detalle necesario para cumplir con las normativas es esencial. La integración de herramientas tecnológicas para la recopilación y gestión de datos será fundamental para obtener documentación útil en materia laboral y de precios de transferencia.
- **Justificación de Ajustes:** Es fundamental analizar cómo justificar los ajustes realizados en los precios de transferencia debido a los cambios en los costos laborales, siguiendo la recomendación del párrafo 7.24 de la OCDE, que enfatiza la importancia de documentar adecuadamente las decisiones relacionadas con la asignación de costos y la descripción precisa de la naturaleza de los servicios.

Recomendación:

Desarrollar una documentación robusta que incluya análisis detallados y justificaciones claras de los ajustes realizados, utilizando herramientas tecnológicas para gestionar y actualizar la información de manera eficiente. La transparencia y consistencia en la documentación mejorará la confianza de las autoridades fiscales.

4. Revisión de Contratos Intercompañía y Acuerdos Laborales

Los contratos y acuerdos intercompañía deben ser revisados para reflejar los cambios en los costos laborales y las nuevas regulaciones.

Análisis:

- **Contratos Existentes:** Evaluar los contratos intercompañía actuales para identificar la necesidad de ajustes en términos de costos y condiciones laborales. Un enfoque colaborativo entre las distintas entidades del grupo puede facilitar esta revisión.
- **Acuerdos Laborales:** Considerar cómo los nuevos acuerdos laborales y sindicales afectan los términos contractuales con las entidades relacionadas. Aquí, la alineación de los incentivos laborales otorgados por las diferentes empresas de los grupos puede ayudar a evitar conflictos.

Recomendación:

Actualizar y renegociar los contratos intercompañía para asegurar que reflejen de manera justa y precisa los costos laborales ajustados y cumplan con las nuevas regulaciones. Esto también puede ser una oportunidad para renegociar términos que beneficien a ambas partes.

5. Desafíos Fiscales y Oportunidades de Optimización

La Reforma Laboral presenta tanto desafíos fiscales como oportunidades para optimizar las políticas de precios de transferencia.

Análisis:

- **Desafíos Fiscales:** Identificar los principales desafíos fiscales, como la necesidad de ajustar los precios de transferencia y mantener el cumplimiento continuo. La carga administrativa puede aumentar, lo que requiere más recursos.
- **Oportunidades de Optimización:** Evaluar las oportunidades para optimizar la gestión de precios de transferencia, incluyendo la mejora en la eficiencia operativa y la reducción de costos innecesarios. La tecnología puede jugar un papel clave en la automatización de procesos y ahorro de costos.

Recomendación:

Desarrollar estrategias proactivas para abordar los desafíos fiscales y aprovechar las oportunidades de optimización, implementando cambios humanos y tecnológicos que mejoren la eficiencia y la rentabilidad. La proactividad en la gestión de riesgos fiscales puede reducir sorpresas negativas.

6. Capacitación y Desarrollo de Competencias

Es crucial capacitar al personal en las nuevas normativas legales y de procedimiento, y en la gestión de precios de transferencia, post-Reforma Laboral.

Análisis:

- **Necesidades de Capacitación:** Identificar las áreas en las que el personal necesita formación adicional sobre la Reforma Laboral y precios de transferencia. La capacitación continua es vital en un entorno que cambia rápidamente.
- **Desarrollo de Competencias:** Evaluar el desarrollo de competencias técnicas y habilidades necesarias para gestionar eficazmente los precios de transferencia en el nuevo contexto. La especialización en precios de transferencia debe ser una prioridad.

Recomendación:

Implementar programas de capacitación continua para el personal, asegurando que estén actualizados sobre las nuevas regulaciones y mejores prácticas en la gestión laboral y de precios de transferencia. También es recomendable fomentar la formación cruzada entre departamentos.

7. Monitoreo y Adaptación Continua

La capacidad para adaptarse a cambios futuros y mantener el cumplimiento continuo es esencial para la gestión efectiva de precios de transferencia.

Análisis:

- **Sistema de Monitoreo:** Desarrollar un sistema de monitoreo permanente para evaluar el cumplimiento y la efectividad de las políticas de precios de transferencia. Un enfoque basado en métricas permitirá una valoración más objetiva.
- **Adaptación a Cambios:** Evaluar cómo adaptar las políticas y prácticas de precios de transferencia en respuesta a futuros cambios en la legislación laboral y fiscal. La flexibilidad y rapidez de respuesta serán esenciales en la implementación y adaptación.

Recomendación:

Establecer un proceso de revisión y adaptación continua, utilizando indicadores clave de desempeño y realizando auditorías periódicas para asegurar el cumplimiento y la optimización. La comunicación fluida entre equipos y departamentos será clave de éxito.

Resumen

En resumen el análisis de precios de transferencia de las empresas mexicanas post-Reforma Laboral 2021 implica una revisión exhaustiva de las políticas y prácticas existentes para adaptarse a las nuevas regulaciones. Abordar los cambios en los costos laborales, actualizar la documentación y los contratos, y capacitar al personal son pasos esenciales para optimizar las estrategias de precios de transferencia, mejorar la eficiencia operativa y garantizar el cumplimiento con las nuevas normativas laborales y fiscales. La clave está en implementar un enfoque proactivo y adaptable que permita enfrentar los desafíos y aprovechar las oportunidades en el nuevo entorno regulatorio.

II. Cumplimiento de Obligaciones post-Reforma Laboral

Debe decir: Al respecto del cumplimiento de obligaciones relacionadas con la contratación de servicios especializados de conformidad con lo dispuesto en la LISR, la LIVA y la LFT. En 2024 se conoció el siguiente caso que fue analizado por especialistas fiscales, laborales y de precios de transferencia.

Hechos:

- Las compañías que intervienen en la operación son: Compañía de Servicios, S. de R.L. de C.V. ("CS") que cuenta con personal especializado en actividades de apoyo y la Compañía Operativa, S. de R.L. de C.V ("CO"), está dedicada a la importación de bienes para reventa en el mercado mexicano.
- Que los empleados de CS fueron transferidos a CO, a través de un acuerdo que surtió efectos a en 1° de enero del año en curso. Se conoció que los empleados transferidos a CO continuaron prestando servicios a CS como prestadores de servicios especializados. Sin embargo, se advierte que dicha prestación se realizó sin que CO contara con el registro REPSE al que se refiere el artículo 15 de la LFT.

- No obstante, lo anterior y tomando en cuenta que el equipo del GE estima que podrá obtener el registro REPSE previo al final del ejercicio, antes del 31 de diciembre, esto debido a que los asesores fiscales externos consideran que existen posibilidades "más probables a que no" de que CS pueda hacer deducibles los gastos por la prestación de servicios especializado recibidos de CO.

Análisis fiscal:

Si bien es cierto que el artículo 27 fracción XVIII de la LISR establece que los contribuyentes tienen hasta el día 31 de diciembre para cumplir con los requisitos establecidos para cada una de las deducciones previstas en ese artículo 27, y hasta el 31 de marzo para cumplir con el requisito de contar con un CFDI que ampare la operación, no es menos cierto que el último párrafo de la fracción V del referido artículo 27 establece un tratamiento particular para el requisito de deducibilidad de gastos por subcontratación laboral, según lo siguiente:

> *"Tratándose de la prestación de servicios especializados o de la ejecución de obras especializadas a que se refiere el artículo 15-D, tercer párrafo del Código Fiscal de la Federación, el contratante deberá verificar cuando se efectúe el pago de la contraprestación por el servicio recibido, que el contratista cuente con el registro a que se refiere el artículo 15 de la Ley Federal del Trabajo (...)"*

De lo que se interpreta que es un requisito para la deducibilidad de los gastos por contratación de servicios especializados que el contratante haya verificado que al momento del pago de la contraprestación que el contratista cuente con el registro al que se refiere el artículo 15 de la LFT (registro REPSE). Lo anterior, máxime que, la misma fracción XVIII del artículo 27 de la LISR, establece:

> *"Respecto de la documentación comprobatoria de las retenciones y de los pagos a que se refieren las fracciones V y VI de este artículo, respectivamente, los mismos se realicen en los plazos que al efecto establecen las disposiciones fiscales, y la documentación comprobatoria se obtenga en dicha fecha."*

De lo anterior se interpreta que los requisitos previstos en las fracciones V y VI (requisitos para hacer deducibles operaciones que conllevan retenciones y traslado de IVA) no serán modificados por la regla de que estos se pueden cumplir hasta el 31 de diciembre; sino que tratándose de dichos escenarios los requisitos se deberán cumplir "en los plazos que al efecto establecen las disposiciones fiscales"; es decir, para el caso del cumplimiento del requisito de contar con REPSE para prestar servicios especializados, este se debe cumplir al momento del pago de dicho servicio.

Dicho requisito de deducibilidad es congruente con la prohibición de la subcontratación laboral (prevista en artículo 12 de la LFT), así como la regulación que permite la contratación de servicios especializados bajo la autorización de la autoridad laboral (contenidos en los artículos 13 y 15 de la LFT); por lo que no sé consideraría que la habilitación que hace el artículo 27 fracción XVIII de reunir los requisitos hasta el 31 de diciembre aplique para la obtención del REPSE, pues ello iría en contra de los fines de la legislación laboral, y permitiría la desprotección temporal de los derechos laborales de los trabajadores subcontratados.

Esto es, si al momento de la prestación de los servicios, la entidad prestadora de los servicios no contaba con el REPSE, resulta que no se cumplió con los requisitos para que tales erogaciones fueran deducibles y acreditables, pues en dichos periodos se actuó fuera del marco legal al que debe sujetarse la prestación de servicios especializados; siendo claro que la prestación de dichos servicios únicamente es permitida cuando se cuente con el REPSE vigente al momento de la prestación de los servicios.

Finalmente, si bien es cierto que en caso de que las autoridades fiscales requirieran a CS comprobar el cumplimiento de estas obligaciones mediante el ejercicio de facultades de comprobación y que posiblemente al momento en que se efectúen dichas facultades de comprobación CS pudiera haber obtenido el soporte documental correspondiente, también lo es que la autoridad fiscal pudiera cuestionar el momento de obtención de tales requisitos y en consecuencia cuestionar la procedencia de la deducibilidad y acreditamiento de las erogaciones efectuadas por concepto de servicios especializados.

Análisis Laboral

Por otro lado, considerando que CS transfirió personal a CO, y posteriormente este mismo personal prestó servicios especializados a CS (la entidad de la que eran empleados originariamente), ante una eventual revisión por parte de las autoridades fiscales podrían cuestionar la procedencia de la deducción y acreditamiento de las erogaciones, pues el artículo 15-D del CFF establece expresamente lo siguiente:

"Artículo 15-D (…)

Tampoco se darán efectos fiscales de deducción o acreditamiento a los servicios en los que se proporcione o ponga personal a disposición del contratante, cuando se actualice cualquiera de los siguientes supuestos:

> *I. Cuando los trabajadores que el contratista proporcione o ponga a disposición del contratante, originalmente hayan sido trabajadores de este último y hubieren sido transferidos al contratista, mediante cualquier figura jurídica, y (...)"*

De lo anterior, se vuelve evidente que la legislación tributaria establece que no tendrán efectos fiscales de deducción ni de acreditamiento los servicios de subcontratación, cuando se ponga a disposición del contratante personal que originariamente haya sido trabajador del mismo contratante y se hubieren transferido al contratista mediante cualquier figura jurídica.

Así, toda vez que conforme a los antecedentes se conoció que CO transfirió personal a CS, para, a su vez, prestar servicios a CO, por lo que las autoridades fiscales pudieran determinar que la deducibilidad y acreditamiento de esa operación es improcedente, en términos de lo dispuesto por el artículo 15-D del CFF antes transcrito.

Análisis de Precios de Transferencia

En materia de precios de transferencia el GE consideró que debería de realizar un análisis de procedencia de una valuación de intangibles relacionados con la transferencia de capital humano, según lo señalado en el párrafo 1.153 de las Guías de PT de la OCDE.

> *"1.153. En algunas reestructuraciones de empresas y operaciones similares, puede ocurrir que se transfiera el capital humano de una empresa asociada a otra como parte de la operación. En estas circunstancias, es muy posible que transferir este capital humano junto con otros activos de la empresa ahorre al adquirente el tiempo y el gasto de contratar y formar a una nueva plantilla de trabajadores."*

Del análisis funcional realizado se conoció que el capital humano transferido de CO a CS, incluía posiciones de un gerente y su equipo compuesto por un total de veinte personas, este equipo solo realizaba actividades especializadas rutinarias, tramites aduaneros, sobre compras ya realizadas por otros departamentos, sus funciones principales se concentraban en el seguimiento de los trámites de importación para legal correcta internación y comercialización de los bienes en el país.

Los activos utilizados por los empleados transferibles se relacionan con los equipos de cómputo y sus beneficios laborales ganados durante los años de trabajo de cada uno. De los riesgos identificados se conoció que se concentraban especialmente en las complicaciones que se podrían presentar en los tiempos y procesos de embarque y desembarque de bienes ya que los "Términos de comercio internacional" (Icoterms) pueden variar entre el lugar del vendedor y el destino del compradora como pudieran ser respectivamente: (i) ex work a lugar aborado, (ii) libre abordo a puerto de embarque, (iii) costo y flete a puerto de destino, (iv) transporte y seguro pagado hasta puerto de destino, etc cualquier otro disponible en el país de origen que sea conveniente para la importación.

Con base en el análisis realizado, para fines de precios de transferencia se concluyo que las funciones desempañadas por los empleados transferibles no requerían de una valuación económica de capital humano ya que con ellos no se transferían conocimiento patentables o desarrollaban intangibles del negocio que superaran los conocimientos de mercado.

Los otros activos transferidos como computadoras y beneficios laborales se transferirían, los primeros debido a que son bienes usados que inicialmente fueron registrados contablemente al monto original de la inversión que se fueron depreciando con el tiempo, se transfirieron a su valor en libro. Por los beneficios a empleados registrados contablemente como pasivos laborares fueron transferidos a CS sin agregar valor y respetando la antigüedad de los empleados en CO.

Acrónimos

Base Erosion and Profit Shifting	BEPS
Erosión de la base imponible y traslado de beneficios	EBITB
Grupos Empresariales	GE
Instituto del Fondo Nacional de la Vivienda para los Trabajadores	INFONAVIT
Instituto Mexicano del Seguro Social	IMSS
Ley Federal del Trabajo	LFT
Organización Internacional del Trabajo	OIT
Organización para la Cooperación y el Desarrollo Económico	OCDE
Participación de los Trabajadores en las Utilidades	PTU
Precios de Transferencia	PT
Registro de Prestadoras de Servicios Especializados u Obras Especializadas	REPSE
Suprema Corte de Justicia de la Nación	SCJN

Referencias bibliográficas

- Ley Federal del Trabajo vigente en 2024
- Ley del Impuesto sobre la Renta vigente en 2024
- Guías de Precios de Transferencia de la Organización para la Cooperación y el Desarrollo Económico
- Ley Fundamental de Alemania (Grundgesetz), Artículo 9
- Referencia: [Bundesministerium der Justiz und für Verbraucherschutz] (https://www.bmjv.de/SharedDocs/Gesetzgebungsverfahren/DE/Grundgesetz.html).
- Ley de Trabajo Temporal (Arbeitnehmerüberlassungsgesetz - AÜG) Referencia: [Bundesanzeiger Verlag] (https://www.bundesanzeiger.de/ebanzwww/wexse?branch=BAnz&name=Arbeitnehmer%C3%BCberlassungsgesetz).
- Ley de Contrato de Trabajo de Argentina (Ley N.º 20.744) Referencia: [Ministerio de Trabajo, Empleo y Seguridad Social Argentina] (https://www.argentina.gob.ar/trabajo).
- Ley de Relaciones del Trabajo (Ley N.º 24.013) Referencia: [InfoLEG] (http://servicios.infoleg.gob.ar/infolegInternet/anexos/0-4999/459/texact.htm).
- Consolidação das Leis do Trabalho do Brasil (CLT) Referencia: [Lei de Consolidación de las Leyes del Trabajo - Portal da Legislação] (http://www.planalto.gov.br/ccivil_03/leis/l5452.htm).
- Ley de Reforma Laboral (Ley N.º 13.467/2017) Referencia: [Senado Federal Brasil] (https://www25.senado.leg.br/web/atividade/materias/-/materia/131637).
- Estatuto de los Trabajadores de España (Real Decreto Legislativo 2/2015) Referencia: [Boletín Oficial del Estado (BOE)] (https://www.boe.es/buscar/doc.php?id=BOE-A-2015-1104).
- Ley de Infracciones y Sanciones del Orden Social (Ley N.º 42/1997) Referencia:[BOE](https://www.boe.es/buscar/doc.php?id=BOE-A-1997-1545).
- Fair Labor Standards Act United States (FLSA). Referencia: [U.S. Department of Labor] (https://www.dol.gov/agencies/whd/flsa).

- National Labor Relations Act (NLRA)
  Referencia: [National Labor Relations Board (NLRB)]
- (https://www.nlrb.gov/guidance/overview-national-labor-relations-act).
- Código de Relaciones Laborales de India, 2020
  Texto completo y detalles disponibles en la página del Ministerio de Trabajo y Empleo de India: [Labour Codes](https://labour.gov.in/).
- Ley de Salarios Mínimos, 1948
- Referencia: [Ministry of Labour & Employment, India] (https://labour.gov.in/).

www.ingramcontent.com/pod-product-compliance
Lightning Source LLC
LaVergne TN
LVHW022310200926
848481LV00004B/1262

9798892487696